Gute Thüringer Landrezepte

Gudrun Dietze

Gute Thüringer Landrezepte

Kirmeskuchen und andere Köstlichkeiten

Foto Seite 2: Kräuterkäulchen mit Zitterklößen

Trotz gewissenhafter Bearbeitung kann eine Haftung für den Inhalt nicht übernommen werden. Für aktuelle Ergänzungen und Anregungen ist der Verlag jederzeit dankbar.
Wir bedanken uns bei allen, die uns unterstützt haben.

Gerichtsweg 28, 04103 Leipzig
Tel.: 0341 / 49 35 74 - 0
Fax: 0341 / 49 35 74 - 40
www.buchverlag-fuer-die-frau.de

Zubereitung der Speisen: Gudrun Dietze
Titelfoto: Colourbox.de
Innenfotos: Uwe Hämsch, Schöna
Einbandgestaltung: serfling.media, Leipzig
Foto-Styling und Gesamtgestaltung:
Lore Jacobi, Jesewitz
Druck und Bindung:
COULEURS Print & More GmbH
Printed in European Union

9. Auflage 2022
ISBN 978-3-89798-646-6

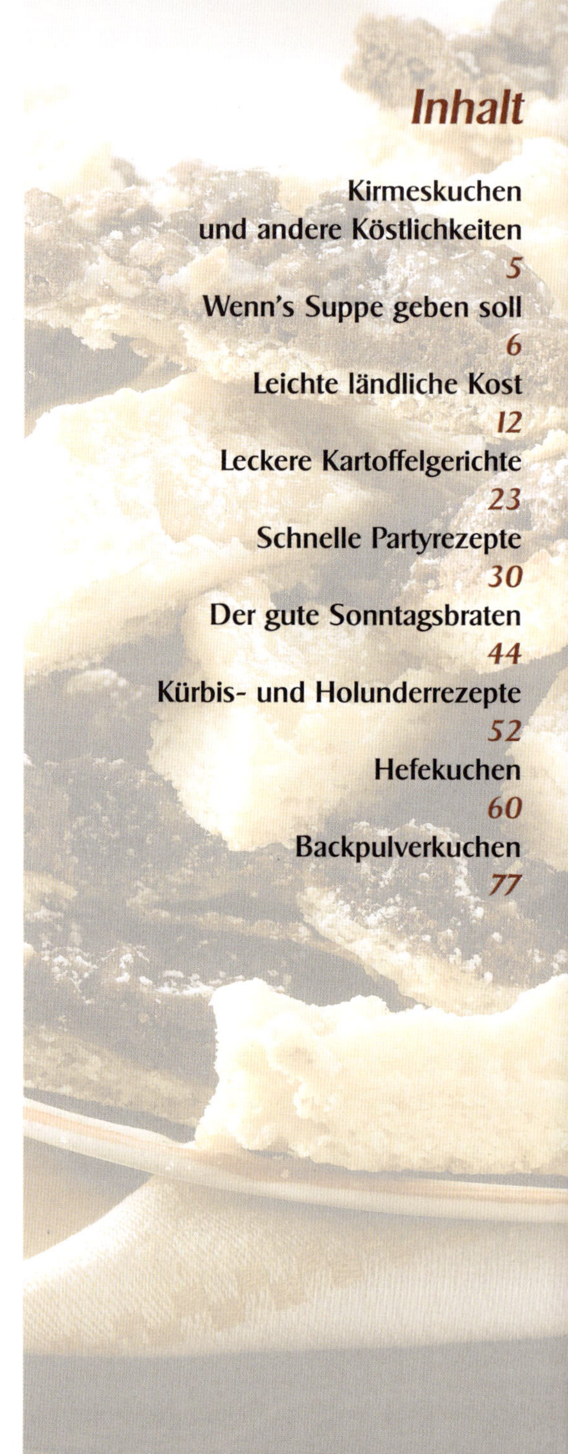

Inhalt

Kirmeskuchen und andere Köstlichkeiten

Wer Gudrun Dietzes Bücher kennt, weiß, dass sie nicht nur Küchentraditionen am Leben hält, sondern mit ihren originellen, gelingsicheren Köstlichkeiten auch zur Bereicherung des Thüringer Küchenschatzes beiträgt.

Das siebente sollte eigentlich das letzte Koch- und Backbuch in Gudrun Dietzes ganz eigener Bibliothek zur Thüringer Hausküche sein. Doch zur Freude aller Liebhaber leckerer Kirmeskuchen, herzhafter Schnell- und feiner Festtagsgerichte erscheint nun eine weitere einzigartige Sammlung traditioneller und neuer, süßer und pikanter Rezepte von der erfolgreichen Autorin.

Gudrun Dietzes Verdienst um die Bewahrung regionaler kulinarischer Traditionen ist gar nicht hoch genug anzuerkennen. Überlieferte oder fast vergessene Speisen bäckt oder kocht sie wieder und wieder nach, um hinter das Geheimnis ihres unverwechselbaren Geschmacks zu kommen. Beim Ausprobieren achtet die erfahrene Backfrau und Köchin darauf, dass die verwendeten Zutaten den Gegebenheiten der heutigen, leichten Küche entsprechen. Sie modernisiert, vervollkommnet und entwickelt eigene Kreationen mit phantasievollen Namen wie die pikanten Kräuterkeulchen, den verführerischen Rotkäppchenkuchen oder süße Schlafröcke auf weißer Wolke. Das Ergebnis ihrer aufwändigen Arbeit dürfen Sie nun selbst testen und genießen.

Viel Freude und Erfolg beim Kochen und Backen der guten Thüringer Landrezepte!

Ihr BuchVerlag für die Frau

Wenn's Suppe geben soll

Wer fleißig seine Arbeit tut, dem schmeckt auch jede Suppe gut

In früheren Zeiten wurde auf einem Bauernhof eine alte Henne als Suppenhuhn mehrere Stunden gekocht. Und ein schlechtes Gewissen hatte die Bäuerin auch meist dabei, denn man war sich nicht ganz sicher, ob die Henne nicht doch noch Eier gelegt hätte. Sah die Henne von innen nicht mehr so gut aus, hatte der Hofhund eine leckere Mahlzeit. Gab es einen Krankheitsfall in der Familie, kam ein gutes Huhn in den Topf, denn eine fette Hühnerbrühe bringt Kraft und Genesung.

Deshalb heißt es auf dem Lande seit alters her: Wird auf dem Bauernhof eine Henne geschlachtet, ist entweder der Bauer krank oder die Henne.

Bauernsüppchen

1 Päckchen Hühnerklein
(Tiefkühlpackung 500 g)
1 1/4 l Wasser
1 TL Salz
1 gehäufter TL Hühnerbrühpulver
200 g Suppengemüse (Zwiebel, Möhre, Porree, Sellerie)
1 gehäufter TL Mehl
2 TL Butter
1 Ei
100 ml Schlagsahne
evtl. etwas Hühnerfleisch

Das Hühnerklein mit kaltem Wasser ansetzen. Salz und Brühpulver zugeben. Nach 30 Minuten Köcheln 1 kleine Möhre, Sellerie, Zwiebel und, wenn möglich, ein paar Sellerieblätter zugeben. Nun kochen, bis das Fleisch weich ist. Durch ein Sieb gießen. Mehl in zerlassene Butter rühren und mit einem Teil Brühe ablöschen. Nun alles mit dem großen Rest Brühe vermischen. Ei mit Sahne verquirlen und mit dem Schneebesen in die heiße Brühe rühren. Möhre in Scheiben schneiden und mit etwas gekochtem Hühnerfleisch in die Suppe geben.

Thüringer Graupensuppe

700 g Beinscheiben vom Rind oder Rauchfleisch, 1 gehäufter TL Salz
10 Pfefferkörner, 1 kleines Lorbeerblatt
1 Zwiebel, Suppengrün
(je 1 Stück Möhre, Sellerie und Porree)
100-125 g Graupen
je 250 g Möhrenscheiben und Kohlrabistifte
gehackte Petersilie, (evtl. 1-2 Kartoffeln)

Fleisch mit Gewürzen, Suppengrün, Salz in 1 1/2 l Wasser in ca. 2 Stunden weich kochen. Möhren und Kohlrabi mit 1/2 TL Salz und 1 Tasse heißem Wasser in 10-15 Minuten weich köcheln. Graupen mit 1/2 l Wasser und etwas Salz langsam kochen (ca. 15-20 Minuten), bis sie weich sind. Mit kaltem Wasser über einem Sieb abschleimen. Gemüse, Graupen, Brühe und das in Würfel geschnittene Fleisch vermischen. Mit etwas Brühpulver abschmecken und die gehackte Petersilie darüber streuen.

Sehr altes, noch heute beliebtes sättigendes Suppengericht. Oft wird die Suppe noch mit 1-2 in Würfel geschnittenen gekochten Kartoffeln angereichert.

Erbsen-Creme-Suppe

250 g Kartoffeln
20 g Butter
1/2 TL Salz
Pfeffer aus der Mühle
1 Paket (450 g) gefrostete Erbsen
3/4 l Brühe (= 3 TL Pulver)
100 ml Schlagsahne
100-150 g Schinkenspeck oder Kochsalami

Die gewürfelten Kartoffeln in der Butter andünsten. Mit Salz und Pfeffer würzen und mit der Brühe in ca. 15 Minuten weich kochen, Erbsen heiß abspülen, zugeben und noch 5 Minuten kochen. Nun alles mit dem Mixstab pürieren oder durch ein Sieb streichen. Sahne zugeben und noch einmal kurz aufkochen. Gewürfelten Schinkenspeck (oder Salami) anrösten und über die Suppe verteilen.

Das ist eine leckere Alternative zur herkömmlichen deftigen Erbsensuppe.

Tomatensuppe

100 g Zwiebelwürfel
50 g Schinkenspeck
2 TL Butter
500-600 g schöne reife Tomaten
1/2 l Brühe (2 TL Pulver)
1/2 TL Salz
1 TL Zucker
2 TL getrocknetes Basilikum
2 TL Mehl
2 TL Tomatenketchup
2-3 EL Schlagsahne
1-2 Semmelköpfe
2 TL Butter

Zwiebel- und Schinkenspeckwürfel in Butter anrösten. Tomatenwürfel zugeben und kurz mit anschwitzen. Mit Brühe ablöschen. Salz, Zucker und Basilikum zugeben und alles ca. 10 Minuten leise köcheln lassen. Durch ein Sieb rühren. Mehl in heißer Butter anschwitzen und mit der Suppe verquirlen. Ketchup einrühren und die Sahne. Kurz aufkochen lassen. Semmelwürfel in heißer Butter knusprig braten. Am Tisch auf Teller verteilen.

Eine sehr feine, liebliche Suppe.

Mehlgräupchen-Suppe

100 g Mehl
1 Prise Salz, Muskat
1 Ei
3/4 l kräftige Brühe aus Fleischknochen und Suppengrün
125 g Schinkenspeck
2 EL Petersilie

Mehl und Gewürze vermischen und mit dem Ei mit beiden Händen zu kleinen Klümpchen verreiben. In die kochende Brühe geben und ca. 15 Minuten köcheln lassen. Gewürfelten Schinkenspeck langsam knusprig ausbraten und mit der feingehackten Petersilie in die Suppe geben. Dazu gibt es frisches Bauernbrot.

Eine Suppe unserer Groß- und Urgroßmütter, wie sie überall in Thüringen bekannt ist, auch als Grümpelsuppe.

Gulaschsuppe

500 g Rindfleisch
150 g Zwiebeln
2 EL Öl oder Schweinefett
je 1 TL Salz, Kümmel und Paprikapulver
1 Knoblauchzehe
1 l Brühe (2 gehäufte TL Pulver)
Pfeffer aus der Mühle
Majoran, Tabasco
500-600 g Kartoffeln
150 g Paprikaschote
1 große Tomate

Fleisch in ca. 2 cm große Würfel schneiden und mit Zwiebelwürfeln im heißen Öl oder Fett unter Rühren anrösten. Paprikapulver, Salz, Kümmel und Knoblauch zugeben. 1/2 Liter Brühe zugeben und bei mäßiger Hitze zugedeckt 60-70 Minuten garen. Nun die Kartoffel-, Tomaten- und Paprikawürfel untermischen. Die restliche Brühe aufgießen und alles noch ca. 30 Minuten garen, bis alles weich ist. Mit Majoran, Salz, Pfeffer und evtl. Tabasco kräftig abschmecken.

Das ist die richtige Suppe für kalte Tage – kräftig und sättigend.

Karpfensuppe ohne Karpfen

400 g Möhren
100 g Sellerie
150 g Kohlrabi
300 g Kartoffeln
50 g Zwiebeln
2 TL Salz, etwas Pfeffer
1 Lorbeerblatt
je 4 Pimentkörner, Wacholderbeeren und Nelken
1 l leichte Brühe (1 geh. TL Instantpulver)
2 TL gemahlener Soßenkuchen
½ Tasse Bier
1 EL saure Sahne
1 TL Mehl
75-100 g Butter

Möhren, Sellerie und Kohlrabi in Scheiben, Kartoffeln in nicht zu kleine Würfel schneiden. Das Gemüse mit den Zwiebelwürfeln und Gewürzen in der leichten Brühe ca. 20 Minuten köcheln lassen. Gemahlenen Soßenkuchen, Mehl, Bier und saure Sahne verquirlen und in die kochende Suppe rühren. Aufkochen und auf Tellern verteilen. Die gebräunte Butter darüber geben.

Eine gute würzige Gemüsesuppe.

Das war nach dem Krieg das reinste Festessen, wenn alle Appetit auf Karpfen hatten und es keinen gab. Da wurde bei meiner Mutter nicht mit Butter gespart, denn die Butter ist hier die Hauptgeschmackskomponente. Dazu gab es frisches trockenes Bauernbrot.

Leichte, ländliche Kost

Wer einen Garten sein eigen nennt, der ist vor allem in den ertragreichen Sommermonaten stets gut versorgt mit frischem Gemüse und den guten Gewürzkräutern. Doch in Thüringen gibt es, auch schon seit alter Zeit, oft Markttage, wo man preiswert und ganz erntefrisch die Zutaten für die folgenden leichten, schnell zubereiteten Gemüsemahlzeiten erwerben kann. Einige feine Fischgerichte und köstliche Süßspeisen ergänzen das Kapitel.

Bohnen-Tomaten-Pfanne

75 g Räucherbauch
2 TL Öl
150 g Zwiebelwürfel
200 g Tomaten
300 g grüne Bohnen
Salz, Pfeffer
4 Eier
100 ml Kaffeesahne oder Milch

Bauchspeckwürfel im erhitzten Öl in einer Pfanne glasig werden lassen, Zwiebelwürfel zugeben und mit glasig schwitzen. Tomatenwürfel und gekochte, geschnippelte abgegossene Bohnen zugeben. Mit Salz und Pfeffer würzen und etwas schmoren, bis die Flüssigkeit fast eingekocht ist.
Eier mit Sahne verquirlen (evtl. mit wenig Salz und gehackter Petersilie würzen), über die Pfanne gießen und ca. 5 Minuten bei nicht zu starker Hitze auf der Herdplatte stocken lassen, dabei am Pfannenboden etwas auflockern. Dazu schmecken Petersilienkartoffeln oder knuspriges Bauernbrot.

Gemüsegulasch

100 g Zwiebelwürfel
350 g Möhrenwürfel
2 EL Öl
1/2 TL Zucker, 1/2 TL Paprika
1/2 TL Salz
reichlich 1/4 l Brühe (aus 2 TL Instantpulver)
1 TL Mehl, 50 ml saure Sahne
400 g Kartoffeln
200 g Rosenkohl (TK)

Zwiebel- und Möhrenwürfel im heißen Öl mit Zucker kurz anrösten. Paprika und Salz darüber streuen. Umrühren und die Brühe zugeben. 5 Minuten leise köcheln lassen.
Kartoffelwürfel und gefrosteten Rosenkohl zugeben und in ca. 10 Minuten alles weich köcheln. Mehl mit saurer Sahne verquirlen und das Gemüse leicht binden. Mit Salz und Pfeffer und evtl. etwas Majoran abschmecken. Das Gemüse darf nicht zu Brei verkocht, aber auch nicht zu flüssig sein.

Das Gemüsegulasch ergänzt schmackhaft ein frischer Gartensalat oder ein fruchtiges Kompott.

Pfannkuchen mit Champignonfüllung

250 g Mehl
1/4 l Wasser
4 Eier
1/4 l Milch
1/2 TL Salz
2-3 EL Öl

Füllung:
1 große Zwiebel
20 g Butter
300-400 g kleine Champignons
Salz, Pfeffer
2 EL Kräuterfrischkäse

Mehl mit Wasser und Eiern mit dem Schneebesen verrühren. Milch und Salz unterrühren und 15 Minuten quellen lassen. Inzwischen die kleinen Zwiebelwürfel in Butter anschwitzen. Feinblättrig geschnittene Pilze zugeben und zugedeckt 10 Minuten dünsten. Aufdecken und braten, bis die Flüssigkeit weg ist. Mit Salz und Pfeffer würzen und vom Feuer nehmen. Kräuterfrischkäse unterrühren. In einer breiten Antihaftpfanne vier dicke Pfannkuchen (Eierkuchen) im erhitzten Öl beidseitig goldbraun backen.

Auf Teller gleiten lassen, Pilzfüllung auf die große Hälfte auftragen und die kleine Hälfte darüber schlagen, so dass die Füllung etwas zu sehen ist.
Dazu passt ein zarter Gartensalat mit viel Zitronensaft, viel Zucker und wenig Öl oder auch Preiselbeerkompott

Das Rezept liest sich zwar aufwändig, ist aber in 30 Minuten zubereitet.

Tipp:
Aus Dinkelmehl hergestellte Pfannkuchen schmecken noch herzhafter. Und Waldpilze anstelle Champignons geben ebenfalls kräftigeren Geschmack.

Gemüseauflauf

200 g Champignons
1 EL Butter
300 g Porree
150 g Erbsen (TK)
2 TL Gemüsebrühe
1 Glas Spargel
150 g gedrehte Bandnudeln
1 EL Mehl
1 EL Butter
1 Tasse Spargelwasser
2 TL Ketchup
3-4 TL Worcestersoße
Salz, Pfeffer, Zucker
ca. 100 g Reibekäse

Dünne Champignonscheiben in heißer Butter anbraten, Porreescheiben und gefrostete Erbsen zugeben und mit 1/2 Tasse Brühe zugedeckt ca. 5 Minuten dünsten. Spargel abtropfen lassen, etwas Spargelwasser aufheben. Spargel und die in leichtem Salzwasser gekochten Nudeln zu den Pilzen, Erbsen und Porree geben. Alles vermischen und in eine gefettete Auflaufform geben.

Mehl in heißer Butter verrühren und mit dem Spargelwasser ablöschen. Mit Ketchup, Worcestersoße, Pfeffer, wenig Salz und wenig Zucker würzig abschmecken und über den Auflauf gießen. Mit Reibekäse bestreuen. 20 Minuten bei 170 °C überbacken. In der Form auftragen.

Bei diesem schmackhaften Auflauf wird niemand eine Fleischeinlage vermissen. Dazu schmeckt ein würziger Tomatensalat.

Pilzkartoffeln

500-600 g Kartoffeln
Salz, Pfeffer
1/2 TL Kümmel
500-600 g Waldpilze
150 g Zwiebelwürfel
1 EL Butter, 2 Eier, Salz
125 ml Schlagsahne oder Milch
1 EL Semmelmehl
1 EL Butter
1/2 Tasse Brühe

Gekochte, geschälte Kartoffeln in dünne Scheiben schneiden und die Hälfte dachziegelartig in eine gebutterte Auflaufform schichten. Mit Salz, Kümmel und Pfeffer sparsam würzen. In Scheiben geschnittene Waldpilze mit Zwiebelwürfeln in heißer Butter braten, zwischendurch salzen und pfeffern. Über den Kartoffeln verteilen. Mit den übrigen Kartoffelscheiben abdecken. Die Brühe an der Seite angießen. Eier mit Sahne und wenig Salz verquirlt darüber gießen. Semmelmehl darüber streuen und reichlich Butterflöckchen aufsetzen. Überbacken, bis sich eine goldgelbe Kruste gebildet hat, ca. 15 Minuten bei 180-200 °C. Dazu schmeckt grüner Salat.

Dieses wunderbare Schnellgericht sollte zur Pilzzeit nicht verpasst werden.

Schmorgurken

500 g Gurkenstücke
100 g Räucherbauch
1 EL Öl
1 gehäufter EL Zucker
1/2 TL Salz
3 EL Essig
Dill

Bei extra großen Gurken im Sommer das Kerninnere mit einem Löffel herauskratzen und die Gurkenhälften in Streifen, dann in Würfel schneiden. Bauchspeckwürfel im Öl etwas braten, Zucker einrühren und etwas karamelisieren, dann mit Essig ablöschen und die Gurkenwürfel zugeben. Unter Rühren anschmoren. Salz und feingehackten Dill unterrühren und in ca. 20 Minuten weich dünsten.

Zu Kartoffelmus ein leichtes Sommeressen. Auch als Beilage beliebt.

Fischfilet unter der Käsedecke

1 TL Butter
400 g Fischfilet (frisch oder TK)
Zitronensaft, Salz, Pfeffer
2-3 EL Kaviarpaste
4-6 Scheibletten oder Schnittkäse
1 EL Butter
1/2 Tasse Brühe

Auflaufform ausbuttern und das Fischfilet hineinlegen. Sparsam mit Zitronensaft, Salz und Pfeffer würzen. Brühe an der Seite angießen. Kaviarpaste dick über den Fisch streichen und die Scheibletten nebeneinander darüber legen. Mit Semmelmehl bestreuen und Butterflöckchen aufsetzen. Dann 20-25 Minuten bei 180-200 °C backen. Zu Bratkartoffeln und Salat servieren.

Fischfilet überbacken

400 g frisches Fischfilet, Zitronensaft
1/2 TL Salz, Pfeffer aus der Mühle
2 EL Schmand
2 TL Tomatenketchup, 1 TL Senf
1 EL Butter oder Kräuterbutter
1 EL Semmelmehl, 2 Tomaten
2 kleine Kugeln Mozzarella à 125 g
Basilikum frisch oder getrocknet

Fischfilet mit Zitronensaft beträufeln und mit Salz und Pfeffer würzen. Schmand, Ketchup und Senf verrühren und in einer Auflaufform verteilen. Fischfilet darüber legen, mit heißer Butter bestreichen und mit Semmelmehl bestreuen. Tomaten und Käse in dünne Scheiben schneiden und dachziegelartig abwechselnd über den Fisch legen. Mit Salz, Pfeffer und Basilikum bestreuen. Bei 175 °C 20-25 Minuten überbacken. Es entsteht etwas Soße. Das Gericht passt gut zu Kartoffelpüree oder Risotto und Gartensalat.

Tipp:
Verarbeiten Sie gefrostetes Fischfilet, dann sollte es über Nacht im Kühlschrank auftauen, sonst ist die Garzeit zu lange.

Maischolle

100 g Räucherbauch (nicht zu mager)
1 EL Butter
400 g Schollenfilet
Salz, Pfeffer
1 EL Mehl
Zitronenscheiben

Bauchspeck in feine Würfel schneiden und langsam knusprig ausbraten. Speckgrieben aus der Pfanne nehmen und Butter zum Bratfett geben. Den abgetrockneten Fisch mit Salz und Pfeffer würzen und in Mehl wenden. Im heißen Butter-Fett-Gemisch beidseitig goldgelb braten. Beim Anrichten mit den Speckwürfeln bestreuen und mit Zitronenscheiben garnieren. Dazu Petersilienkartoffeln und Gartensalat oder Kartoffelpüree und rohes Kraut.

Tipp:
Dieses klassische Gericht kann mit gebratenen Zwiebelwürfeln und Pilzen noch verfeinert werden.

Schlafröcke auf weißer Wolke

(für 2 Personen)

2 Eier, 1 Päckchen Vanillezucker
1 Prise Salz, 250 g Quark
100 g Mehl, 1 EL Butter
Fruchtsoße:
200 g Erdbeeren oder Himbeeren
2 EL Zucker
1 Tasse Apfelsaft oder Wasser
1 TL Speisestärke
Wolke:
100 ml Schlagsahne

Eier, Vanillezucker und Salz mit Quark untereinander schlagen. Mehl unterrühren. Von dem Teig 10-12 Nocken abstechen und in siedendes leichtes Salzwasser geben. 5 Minuten leise köcheln oder nur ziehen lassen. Gut abgetropft in gebräunter Butter ringsum goldbraun braten.
Für die Soße kleingeschnittene Erdbeeren in kochendes Zuckerwasser oder Apfelsaft geben. Etwas zerdrücken und kurz köcheln lassen. Mit Speisestärke leicht binden. Nocken auf die erkaltete Soße legen und mit geschlagener Sahne als Wölkchen dekorieren.

Eine wahrhaft himmlische Süßspeise.

Apfelauflauf auf Karamelsoße

500 g Apfelscheiben
2 EL Zitronensaft
1 EL Zucker
6 EL Apfelsaft
Butter, Semmelbrösel
3 Eigelb
4 Eiweiß
80 g Zucker
150 g Mehl
1 TL Backpulver
1 TL Zimt
1 EL Butter
Soße:
100 g Zucker
750 ml Milch
2 Päckchen Vanillesoßenpulver
1 Eigelb

Dünne Apfelscheiben in Zitronensaft und Zucker mit Apfelsaft 3-4 Minuten dünsten. In eine gebutterte mit Semmelmehl ausgestreute Auflaufform geben und eine Teigdecke darüber streichen. Für den Teig die Eiweiß mit Zucker steif schlagen, Eigelb unterheben, nun das mit Backpulver gemischte Mehl darüber sieben und unterheben. Die Teigdecke mit Zucker und Zimt bestreuen und Butterflöckchen

aufsetzen. Bei 180-200 °C ca. 35-40 Minuten in der Röhre backen.
Für die Soße langsam den Zucker zerlassen, bis er eine dunkle Honigfarbe annimmt (Achtung: Zu dunkel macht bitter!). Mit dem größeren Teil der Milch loskochen, den kleinen Teil Milch mit Soßenpulver und Eigelb verquirlt darunter rühren. Kurz aufkochen, erkalten lassen.

Ein feines Dessert oder ein leichtes Abendbrot: Knusprige Decke auf saftig würzigen Äpfeln, dazu eine feine Karamelsoße – hm…

Kirschpfanne nach alter Bauernart

100 g nicht zu fetten Bauchspeck
1 EL Öl
700-800 g Kartoffeln
1 TL Salz
250 g Sauerkirschen
(auch Süßkirschen möglich)
1/2 l Milch
100-150 g Mehl
1 EL Zucker
4-6 Eier
3-4 Semmelköpfe (= 2 Doppelbrötchen)
30-50 g Butter

Den in kleine Würfel geschnittenen Bauchspeck in heißem Öl glasig braten. Kartoffeln reiben und ca. 1 Tasse Wasser abschöpfen. Geriebenes mit Salz vermischen und über dem Speck verteilen. Die Kartoffelschicht soll nicht höher als 2 cm sein. Kirschen darüber geben.
Aus Milch, Mehl, Zucker und Eiern einen Eierkuchenteig bereiten und darüber gießen. In Scheiben geschnittene Semmeln in Eierkuchenteig tauchen und dicht darüber legen. Butterflöckchen aufsetzen. 40-60 Minuten bei 180 °C backen. Es bildet sich eine goldbraune Kruste.
Dazu Vanillesoße oder mit Speisestärke angedickten Kirschsaft reichen.

Für diese uralte Speise, die in ihren Zutaten sehr bekannt ist, gibt es mengenmäßig kein genaues Rezept, da es immer wieder bis heute nur mündlich weitergegeben wurde. Aber es lohnt sich, diese herzhafte knusprige Süßspeise nachzukochen.

Leckere Kartoffelgerichte

Erdäpfel in der Früh',
Erdäpfel zu Mittag in der Brüh',
Erdäpfel am Abend in der Schal',
macht den Tag dreimal.

Dieser Stoßseufzer unserer Vorfahren traf den Kern der Sache, als die Kartoffel noch langweilig war. Aber zum Glück kam eine gute Fee. Sie soll einer Beerensammlerin im Thüringer Wald begegnet sein. Und sie hat ihr ein Geheimnis verraten: Das Thüringer Kloßrezept. Ermahnend flüsterte die Fee der Beerensammlerin noch zu: „Hüt' es!" und verschwand. Irgendwie muss die Sammlerin doch geplaudert haben, woher kämen sonst die vielen Kloßrezepte in Thüringen? Im Thüringer Wald heißen die Klöße noch heute Hütes.

Klöße aller Art gehören zu Thüringen, daher kommt auch der bekannte Spruch:

„Drei Klöße im Magen, viel Soße und Gans, wer kann das vertragen? Ein Thüringer kann's."
Außer zu Klößen lässt sich die bescheidene Kartoffel jedoch noch zu ganz anderen Gerichten verarbeiten. Und immer wieder entstehen neue interessante Rezeptideen.

Zitterklöße (Foto auf Seite 2)

(6-7 Klöße)

500 g gekochte Kartoffeln
200-250 g Kartoffelstärke
400 ml Wasser, 1 TL Salz
1 Semmelkopf, 1 TL Butter

Die gekochten, noch warmen Kartoffeln durch die Presse drücken. Stärke und Salz mit einer Gabel locker unterheben. Kochendes Wasser darüber gießen und alles kräftig untereinander stampfen. In Butter gebratene Semmelwürfel in die mit nassen Händen geformten Klöße drücken. Im Salzwasser kurz aufkochen und noch 15 Minuten ziehen lassen.

Diese Klöße sind den echten Thüringer Klößen sehr ähnlich, sehr fein!

Grüne Klöße oder rohe Klöße aus Urgroßmutters Zeit

(6-8 Klöße)

1 kg rohe geschälte Kartoffeln, 1 TL Salz
1/4 l kochendes Wasser oder Milch

Kartoffeln per Hand reiben und gut auspressen oder mit der Maschine reiben (geht schneller) und diesen „Reiberich" zerpflücken und mit Salz vermischen. Das kochende Wasser (vom Kloßwasser, das schon kochen muss) wegnehmen und über das Geriebene gießen und alles untereinander stampfen. Die ziemlich weiche Masse mit nassen Händen oder mit einem ins Wasser getauchten Schöpflöffel ins kochende Wasser geben.
Die Klöße werden sofort fest. Sie sehen etwas grünlich aus. In manchen Gegenden Thüringens sind die Grünen Klöße heute noch sehr beliebt. Dazu gehört ein Braten mit viel Soße.

Tipp:
Gibt man zu der mit Wasser gebrühten Kloßmasse noch 250-300 g gekochte durchgepresste Kartoffeln, erhält man auch eine bekannte Art Thüringer Klöße.

Kräuterkartoffeln

100 g Kräuterbutter
1 kg gekochte Kartoffeln
400 g gewürztes Gehacktes
1 große Zwiebel
1 EL Öl
50 g Reibekäse
1 EL Semmelmehl
1 Tasse Milch

Auflaufform mit Kräuterbutter nicht zu sparsam ausstreichen. Mit halber Menge Kartoffelscheiben auslegen. Gehacktes mit Zwiebelwürfeln in wenig Öl krümelig braten und über die Kartoffeln geben. Die übrigen Kartoffelscheiben darüber legen. Den großen Rest Kräuterbutter darüber verteilen. Käse und Semmelmehl darüber streuen. An der Seite etwas Milch angießen. Bei 225 °C 10-15 Minuten überbacken.
Dazu passt wunderbar ein Gurken-Bohnen-Salat.

Schustertorte

800 g gekochte Kartoffeln
1 TL Majoran
3 Heringsfilets
300 g geräucherte Bauernbratwurst oder Knackwurst
200 ml Milch
2 Eier
50 g Reibekäse
1 EL Butter

Die in dünne Scheiben geschnittenen Kartoffeln mit Majoran würzen und die Hälfte in eine gefettete Auflaufform geben. Heringsfilets aus der Packung nehmen und 1-2 Stunden ins kalte Wasser legen. Gut abgetrocknet in Würfel schneiden und mit Bratwurstscheiben über den Kartoffeln verteilen. Mit den übrigen Kartoffelscheiben abdecken. Milch mit den Eiern verquirlen und über die Kartoffeln gießen. Geriebenen Käse und Butterflöckchen darüber geben. 30-40 Minuten bei 180-200 ° C überbacken.

Schustertorte war immer eine Speise für den schmalen Geldbeutel, etwas üppiger zubereitet ist sie jedoch eine wahre Köstlichkeit.

Würstel im Kartoffelmantel mit feiner Kräutersoße

500 g Kartoffeln
100 g Mehl
1 Eigelb, Salz und Pfeffer
1-2 EL Petersilie
6 Wiener Würstchen
3 Scheiben Butterkäse
2-3 EL Semmelmehl
3-4 EL Öl
Kräutersoße:
100 ml Schlagsahne
150 ml Joghurt
1/2 TL Senf, 1 TL Zitronensaft
1 Prise Zucker, Salz und Pfeffer
3-4 EL frische Kräuter
Worcestersoße

Gekochte Kartoffeln durch die Presse drücken. Mehl, Eigelb, Gewürze und gehackte Petersilie unterkneten. Teig halbieren. Jede Hälfte zu Platten von ca. 18 x 33 cm ausrollen und in drei Stücke schneiden. Jedes Stück mit 1/2 Scheibe Käse und einem Würstchen belegen. Zusammenrollen und in Semmelmehl wälzen. Im heißen Öl in 8-10 Minuten knusprig goldgelb backen.
Die Zutaten für die Soße verrühren und mit den Gewürzen lieblich abschmecken. Zu den Würstchen reichen. Als Ergänzung Gartensalat oder Kompott. Kinder mögen die Würstchen am liebsten mit Ketchup.

Knusprig und saftig sind die Würstchen für 3-4 Personen sehr sättigend.

Kartoffeltopf

500 g Kartoffeln, 250 g Möhren
250 g Porree
1 EL Butter, 1 TL Zucker
1 1/4 l Gemüsebrühe
(= 3 gehäufte TL Instantpulver)
Salz, Pfeffer
3 EL gehackte Petersilie
3-4 Bockwürste oder Wiener
1 EL Schmand

Rohe Kartoffel- und Möhrenwürfel in zerlassener Butter mit Zucker anschwitzen (1-2 Minuten). Porreescheiben und Brühe zugeben und 20 Minuten langsam kochen. Bockwurstscheiben zugeben und den Schmand einrühren. Mit Salz, Pfeffer und Petersilie würzen.

Sehr leckeres Schnellgericht!

Kartoffel-Sauerkraut-Pfanne

600 g gekochte Kartoffeln
Salz, Kümmel, Zucker
350-400 g Sauerkraut
50 g Bauchspeck
50 g Zwiebelwürfel
1/4 l Brühe (= 1 TL Pulver)
400 g Kasslerfleisch
2 EL Schmand
2 EL Semmelmehl
20 g Butterflocken

Gekochte Kartoffeln in dünne Scheiben schneiden und die Hälfte in eine gebutterte Auflaufform geben. Sauerkraut mit Salz, Zucker und Kümmel im heißen Zwiebel-Speckgemisch kurz andünsten, mit Brühe ablöschen, 5 Minuten kochen lassen. Alles über den Kartoffeln verteilen. Kasslerscheiben darüber legen und mit dem Rest Kartoffelscheiben abdecken, mit wenig Salz würzen, Schmand darüber streichen, mit Semmelmehl bestreuen und mit Butterflöcken besetzen. In 20 Minuten bei 180-200 °C goldbraun backen.

Kartoffel-Rosenkohl-Auflauf

450 g Rosenkohl (TK)
75 g Räucherbauch
75 g Zwiebelwürfel
1 EL Öl
500 g Kartoffeln
Salz, Pfeffer
125 g dünner Bauernschinken (4 Scheiben)
150 g Kräuterschmelzkäse
100 ml Milch

Gefrosteten Rosenkohl in kochendes Wasser geben, aufkochen und auf einem Sieb abtropfen lassen. Bauchspeckwürfel und Zwiebelwürfel im heißen Öl anschwitzen. Gekochte, in Würfel geschnittene Kartoffeln und den Rosenkohl zugeben. Sparsam salzen und pfeffern. Alles etwas anbraten, dann in eine gefettete Auflaufform geben. Mit dünnen Schinkenscheiben abdecken. Schmelzkäse mit wenig Milch verquirlen, übrige Milch unterheben und über den Schinken gießen. 15-20 Minuten bei 180-200 °C überbacken.

Sehr fein! Dazu schmeckt Kompott als Nachtisch.

Schnelle Partyrezepte

Wenn Gäste kamen, bogen sich früher die Tische vor gehaltvollen, aufwändig zubereiteten Speisen. Heute mögen wir es leichter und energieärmer – ohne auf den vertrauten Geschmack verzichten zu müssen. Moderne Konservierungsmöglichkeiten sorgen für ständig frische Zutaten. Und alles ist schnell zubereitet. Dass es also nicht immer Rostbratwurst, Mutzbraten oder Klöße sein müssen, zeigen die folgenden beliebten Rezepturen.

Hähnchenbrustfilet mit Kräuterkruste

600-700 g Hähnchenbrüstchen
1 TL Salz
Pfeffer
½ TL Paprika
20 g Margarine
1 TL Butter
1 Tasse Hühnerbrühe oder Weißwein
1 EL Semmelmehl
Kruste (Kräuterpaste):
100 g Kräuterschmelzkäse
1 EL Schmand
50 g Reibekäse
2 EL gehackte Kräuter
Knoblauchsalz
1 TL Zitronensaft
Worcestersauce

Jedes Brustfilet in vier Stücke schneiden, mit Salz, Pfeffer und Paprika würzen und in einer Bratpfanne im heißen Margarine-Butter-Gemisch braun anbraten. Mit Brühe oder Wein ablöschen.
Die Fleischstücke mit Semmelmehl bestreuen und die Kräuterpaste darüber streichen. Dafür alle Zutaten für die würzige Kruste miteinander verrühren.

Das Fleisch 30-40 Minuten in der Röhre aufgedeckt bei 150-170 °C garen, bis das Fleisch weich und die Kruste gebräunt und knusprig ist.
Mit Baguette, Salat, Reis oder Bratkartoffeln servieren.

Tipp:
Wenn man vor dem Auftragen der Kräuterpaste etwas Semmelmehl auf das Fleisch streut, rutscht die Kruste beim Überbacken nicht von den Fleischstücken herunter.

Putenschnitzel im Gemüsebett

400 g Putenschnitzel, Salz, Pfeffer
1 EL Öl, 1 kleines Glas Champignons oder Waldpilze, 1 kleine Zwiebel
2 TL Butter, 1 kleine Dose Erbsen-Möhren-Gemüse, 1 Glas Spargel, 100 ml Spargelwasser, 100 ml Schmand
1 TL Hühnerbrühpulver, 2 TL Tomaten-ketchup, Tabasco, 75 g Reibekäse

Schnitzel in acht kleine Stücke teilen. Mit Salz und Pfeffer würzen und im heißen Öl beidseitig einige Minuten anbraten. Abgetropfte Pilze mit Zwiebelwürfeln in wenig Butter braten, dabei sparsam würzen. Auflaufform fetten, abgetropftes Gemüse und Spargel auf dem Boden verteilen. Die Schnitzel darüber legen und gebratene Pilze darauf verteilen. Schmand, Spargelwasser, Brühpulver, Ketchup und evtl. 2-3 Spritzer Tabasco verquirlen und über die Schnitzel gießen.
Dick mit Reibekäse bestreuen. 20-25 Minuten bei 150-180 °C überbacken. Dazu schmeckt Brot, Baguette oder dicker Reis.

Sehr zu empfehlendes feines Schmankerl, wenn Gäste kommen.

Bunter Gemüsefächer

500 g Blumenkohl
500 g Brokkoli
1 l leichte Brühe
200 g Räucherlachs
50 g Butter
100 g Reibekäse
1 EL Semmelmehl
1 EL Butter

Den geputzten Blumenkohl und Brokkoli getrennt in je 1/2 l Brühe 8 Minuten leise kochen. Abtropfen und abkühlen lassen. Blumenkohl in dicke Scheiben schneiden und fächerartig mit grünen Brokkoliröschen und roten Lachsstreifen in eine längliche nicht zu hohe Auflaufform schichten. Gemüse mit zerlassener Butter beträufeln. Käse darüber streuen. Semmelmehl leicht rösten und ebenfalls darüber streuen. 1 Esslöffel zerlassene Butter darüber träufeln. Ca. 10 Minuten bei 175 °C überbacken. Dazu Reis, Brot oder Kartoffelsalat reichen.

Dieser interessante Fächer macht bei jeder Gelegenheit etwas her, besonders für Gäste, die nicht so große Fleischesser sind.

Räuberbraten

1 kg Schweinekamm
1 EL Tomatenketchup
1/2 EL Senf
1 gehackte Knoblauchzehe
1 TL Thymian
2 TL Salz, reichlich Pfeffer
1 TL Honig
2 große Zwiebeln
1 Tasse Bier

Kammfleisch ohne Knochen in Rostbrätelstücke (1 cm dick) einschneiden, aber nicht durchschneiden. Alle Zutaten außer Bier und Zwiebeln verrühren und in die Einschnitte streichen. Zwiebelringe dazwischen legen und das Fleisch wieder zusammendrücken, als wäre es ein Ganzes. In eine passende Bratpfanne legen und das Bier darüber gießen. Zugedeckt bei 180 ° C weich garen und dabei bräunen. Öfter mit Bratflüssigkeit beschöpfen, evtl. auch Grill einschalten.
Zu frischem Bauernbrot servieren.

Eier im Nest

50 g Zwiebelwürfel
200-300 g frische Champignons
20 g Butter
1 1/2 Tassen Reis
1 EL Öl
2 1/2 Tassen Hühnerbrühe
100 g Reibekäse
1 EL gehackte Petersilie
4-6 Eier

Zwiebelwürfel und dünnblättrig geschnittene Champignons in heißer Butter braten, bis alles etwas Farbe genommen hat. Reis im heißen Öl kurz anrösten und die Brühe zugeben. Zugedeckt bei schwacher Hitze in ca. 15 Minuten weich kochen. Die Hälfte Reibekäse untermischen und mit dem Pilzgemisch verrühren. In eine gefettete Auflaufform (ca. 3-4 cm hoch) geben und runde Dellen mit der Schöpfkelle eindrücken. In jede Delle ein aufgeschlagenes Ei gleiten lassen. Restlichen Käse nur auf den Reis streuen, damit der Reis im Ofen nicht austrocknet. Alles überbacken, bis die Eier die gewünschte Festigkeit haben. Mit gehackter Petersilie bestreuen und in der Form auftragen. Dazu empfiehlt sich ein Salatteller.

Rostbrätel unter der Decke

10 Rostbrätel (= 1,5 kg Kammfleisch)
2 gehäufte TL Salz
reichlich Pfeffer
2 EL Senf, Öl zum Braten
3 große Zwiebeln
1/2 Tasse Bier
1 Packung Thüringer Kloßteig
200 g Reibekäse
200 g saure Sahne (10 % Fett)
1 Ei

Die Kammscheiben halbieren, salzen, pfeffern und dünn mit Senf bestreichen. Im heißen Öl beidseitig kurz anbraten und auf ein gefettetes Blech legen. Zwiebelringe im Bratfett andünsten, mit Bier ablöschen und über dem Fleisch verteilen. Kloßteig mit würzigem Reibekäse, saurer Sahne und Ei gut vermengen. Mit etwas Wasser zu einer streichfähigen Masse verrühren. Alles über dem Fleisch verteilen und 25-30 Minuten bei 200 °C backen, bis alles gebräunt ist.

Sehr bekanntes Partygericht, das gut vorbereitet und noch mit Pilzen, Kräutern u.ä. variiert werden kann.

Jägerschmaus

400 g Geflügelleber
50 g Butter
300 g Zwiebeln
200 g frische Pfifferlinge oder
2 Dosen konservierte Pfifferlinge
6 Eier
Salz und Pfeffer
2 EL gehackte Petersilie

Gewürfelte Leber unter öfterem Wenden in heißer Butter braten. Salz und Pfeffer darüber streuen. Aus der Pfanne nehmen und in der Bratbutter die Pilze und Zwiebelwürfel in 5 Minuten braten, salzen und pfeffern. Beides vermischen und die Eier darüber schlagen. Stocken lassen, dann das Untere nach oben heben. Sind die Eier nicht mehr flüssig, vom Feuer nehmen, nicht zu fest werden lassen. Mit gehackter Petersilie bestreuen.
Dazu passen Brot und Rohkostsalat.

Bunter Eiersalat

6 hartgekochte Eier
50 g kleine Gewürzgurken
50 g Fleischwurst
50 g Schnittkäse
50 g rote Lachsscheiben
Dressing:
50 g Joghurt natur
1/2 EL Salatcreme, 1 EL Schmand

Alle Zutaten in kleine Würfel schneiden. Für das Dressing Joghurt, Schmand und Salatcreme verrühren. Die Salatzutaten mit dem Dressing mischen. Eiwürfel zuletzt unterheben.

Bunter Herbstsalat

200 g gekochte Kartoffeln
200 g gekochte Schnippelbohnen
25 g kleine Zwiebelwürfel
100 g Tomatenwürfel
100 g gelbe oder rote Paprikawürfel
2 hartgekochte Eier
1 1/2 EL Obstessig, 1 TL Salz
1 leicht gehäufter TL Zucker
1 TL Senf, Pfeffer aus der Mühle
1 Dose Thunfisch in Öl

Essig und Gewürze verrühren und mit dem gewürfelten Gemüse, Bohnen und Kartoffelwürfeln vermischen. Thunfisch klein schneiden, unter das Gemüse heben. Eier in Scheiben oder Würfel schneiden und den Salat damit garnieren.

Zu diesem sättigenden Salat ist keine Beilage nötig.

Partysalat „Adelheid“

1 Glas dünne Selleriestreifen
1 mittlere Dose Ananas
200 ml Schlagsahne

Selleriestreifen und Ananasstücke sehr gut abtropfen lassen, dann mit geschlagener Sahne vermischen. Fertig.

Sehr feiner, superschnell zubereiteter Salat. Hält sich kühl gestellt 2-3 Tage, falls etwas übrig bleiben sollte.

Schneller Gemüsesalat

1 Packung gefrostetes Suppengemüse (450 g)
100 g Vollmilchjoghurt
3 TL Salatcreme
1 TL Zucker
2 TL Obstessig
1/2 TL Salz
Pfeffer aus der Mühle

Gefrostetes Gemüse in kochendes Salzwasser (1/4 l Wasser, 1 TL Salz) geben. Sobald es anfängt zu kochen, 3 Minuten kochen lassen, mit kaltem Wasser abschrecken und auf einem Sieb abtropfen lassen. Joghurt, Salatcreme, Salz, Obstessig und Pfeffer sowie Zucker verrühren und das abgetropfte Gemüse untermischen.
Mit Eivierteln und Petersilie garnieren.

Ein Salat, der sich nicht nur fürs Gästebuffet eignet, sondern mit Kartoffelmus auch eine schmackhafte eigenständige Mahlzeit abgibt.

Weißkrautsalat

250 g Weißkraut
1 kleine Möhre
Soße:
3 TL Essig
3 TL Öl
1 Päckchen Salatkrönung (würzige grüne Gartenkräuter)
2 TL Zucker

Gehobeltes Weißkraut tüchtig durchkneten, damit es weich wird. Zucker, Essig, Öl und Kräutermischung verrühren und mit dem Weißkraut und der gehobelten Möhre vermischen.

Gut durchgezogen ein wunderbarer Salat, der sehr bekannt ist.

Fliegenpilze

3 hartgekochte Eier, 3 Tomaten
1 TL Salatcreme
Rucola oder Blätter von grünem Salat

Von den Tomaten die Deckel abschneiden und so aushöhlen, dass die Eier gut darin stehen können. Von Salatcreme weiße Pünktchen mit kleiner Tülle auf die Tomatendeckel spritzen. In zerschnittene Salatblätter oder Rucolasalat setzen.

Diese Pilze waren in den 50er Jahren sehr beliebt als Garnitur.

Fruchtiger Partysalat

100 g kleine grüne kernlose Weintrauben
100 g blaue Weintrauben
1 Dose Mandarinen
5-6 getrocknete Pflaumen
100 g Butterkäse oder anderer Schnittkäse
8-10 grob geschnittene Walnüsse
1 EL Frischkäse
1 EL Mandarinensaft

Blaue Beeren halbieren, Kerne entfernen, mit hellen Beeren, gut abgetropften Mandarinen in Stücke geschnittenen Backpflaumen und in feine Streifen geschnittenen Käse vermischen. Frischkäse und Mandarinensaft verquirlen und unter das Obst mischen. Grob geschnittene Walnüsse darüber streuen.

Dieser knusprig-fruchtige Salat besticht durch seine feine, liebliche Note.

Gefüllte Lachsröllchen

1 Packung Räucherlachs
1 EL Sahnemeerrettich
1 EL geriebener Apfel
1 Spritzer Zitronensaft

Meerrettich, geriebenen Apfel und Zitronensaft verrühren und die Lachsscheiben damit bestreichen. Zusammenrollen und die pikanten Röllchen als Garnitur fürs Salatbuffet verwenden.

Rotkrautsalat

500 g Rotkraut
3/4 l Wasser
1 TL Salz
4 EL Balsamico-Essig
Pfeffer aus der Mühle
1 TL Zucker
4 EL Öl
75-100 g Schafskäse

In feine Streifen geschnittenes oder gehobeltes Rotkraut mit Salz, Essig und kochendem Wasser 1 Minute kochen. Gut abgetropft mit Öl vermischen.
Mit Salz, Pfeffer, Zucker und Balsamico-Essig abschmecken. 1-2 Stunden ziehen lassen, umrühren und mit kleinen Schafskäsewürfeln vermischen.

Ein sehr pikanter Salat.

Der gute Sonntagsbraten

Heute wie vor hundert Jahren gilt der Sonntag als Feiertag und besonderer Tag in der Woche. Die Familie hat mehr Zeit füreinander, auch fürs gemeinsame Essen. Da gehört zum Mittag natürlich ein guter Braten auf den Tisch und in Thüringen unbedingt mit viel Soße. Rind, Schwein, Geflügel und Wild sind gleichermaßen beliebt.

Kräuterkeulchen in Champignonsoße

(Foto S. 2)

6 Hähnchenkeulen (1 kg)
1 EL Öl
2 TL Salz
2 TL getrockneter Thymian
Pfeffer aus der Mühle
20 g Margarine
20 g Schinkenspeck
1 Zwiebel
1 Knoblauchzehe
250 ml Hühnerbrühe
200 ml Weißwein
2-3 kleine Stängel Thymian
Soße:
250 g frische Champignons
1 EL Butter
1 EL Mehl
1 Tasse Brühe
125 ml Schlagsahne
je 1/4 TL Salz und Paprika
Zucker, Pfeffer aus der Mühle
Zitronensaft

Gewaschene und abgetrocknete Hähnchenkeulen mit einer Mischung aus Öl, Thymian, Salz und Pfeffer einreiben und 1-2 Stunden stehen lassen. Im heißen Margarine-Speck-Gemisch braun anbraten. Aus der Pfanne nehmen und die gewürfelte Zwiebel mit Knoblauch goldgelb braten. Mit Brühe und Wein ablöschen, durchkochen und die Keulen wieder in die Pfanne legen. Zugedeckt ca. 30 Minuten bei 175 °C garen. Thymianzweige zugeben und aufgedeckt noch 15-20 Minuten bei 200 °C überbräunen. Röhre abstellen und noch 15 Minuten stehen lassen.

Inzwischen für die Soße die in dünne Scheiben geschnittenen Pilze in Butter anbraten, Mehl darüber geben und etwas bräunen. Mit Brühe und Sahne zu einer sämigen Soße verrühren. Mit Salz und Pfeffer, Zucker, Paprika und einem Spritzer Zitronensaft abschmecken und alles mit der knappen Hähnchensoße vermischen. Würzig und fein mit Rotkraut und Klößen ein richtiges Sonntagsessen.

Tipp:
Pinselt man die Hähnchenkeulen mit Öl ein, klebt die Haut beim Braten nicht an.

Fuhrmannsbraten

1 kg flaches Rindfleisch (hohe Rippe)
2 TL Salz, Pfeffer
50 g Speck (2 dicke Scheiben)
1 EL Margarine
1/2 EL Butter
1 Knoblauchzehe
1-2 TL Rosmarin
Kruste:
200 g kleingewürfelte Zwiebeln
50 g saure Sahne
1 EL Senf
1 TL Mehl
1 Prise Salz
1 EL Semmelmehl

Fleisch mit Salz und Pfeffer einreiben und in dem heißen Margarine-Butter-Speck-Gemisch beidseitig braun anbraten, dabei öfter heißes Wasser zugießen, bis ein brauner Bratfond entstanden ist. Knoblauch und Rosmarin zugeben. Saure Sahne, Senf, Mehl und 1 Prise Salz verrühren und die Zwiebelwürfel unterrühren. Nun etwas Semmelmehl auf das flache Fleischstück streuen und die Zwiebelmasse darüber verteilen. Aufgedeckt in die heiße Röhre stellen und bei 150-170 °C 2 Stunden schmoren, bis das Fleisch weich ist. Zwischendurch immer wieder etwas heißes Wasser an der Seite zugießen.
Das Semmelmehl verhindert das Abrutschen der Krustenmasse.

Das ist ein uraltes Thüringer Gericht aus der Zeit, als es noch Fuhrmannsleute gab. Das Fleisch wird durch die Zwiebelpaste besonders mürbe und würzig. Kartoffeln und Gemüse oder Gartensalat passen gut dazu. Die Soße wird nicht gesiebt, kann aber zu Klößen durch Zugabe von etwas Brühe verlängert werden.

Tipp:
Passiert es, dass die Bratensoße zu salzig geraten ist, zerteilt man eine rohe geschälte Kartoffel in zwei Stücke und lässt sie ca. 30 Minuten in der Soße mitköcheln. Die Kartoffel nimmt einen Teil vom Salz auf und der Schaden ist behoben. Das gilt für alle zu kräftig geratenen Suppen und Soßen.

Täubchen nach Rebhuhnart mit Wirsing

30 g Bauchspeck (nicht zu mager)
1 EL Margarine
4 Täubchen (1,3 – 1,4 kg)
3 TL Salz, Pfeffer aus der Mühle
1 EL Butter
20 g Zwiebel, 20 g Möhre
1/2 l leichte Hühnerbrühe (1 TL Pulver)
75 g saure Sahne oder Schmand
200 ml trockenen Weißwein
1 Lorbeerblatt
10 Pfefferkörner
3 Zweige Thymian
2 TL Speisestärke

2 Speckscheiben in Margarine erhitzen. Die Tauben innen und außen salzen und pfeffern und ringsum braun anbraten. Dabei die zerlassene Butter über die Tauben träufeln. Nun die grob zerteilte Zwiebel und ein kleines Stück Möhre kurz mitbraten. Mit 1/2 Tasse Brühe ablöschen. Die verquirlte Sahne einrühren, die restliche Brühe, Wein und Gewürze mit Thymian in die Soße geben. Zugedeckt 50-60 Minuten bei 160-180 °C garen. In einem flachen Pfannendeckel die Tauben ringsum bräunen oder kurz übergrillen. Die Soße sieben und mit Speisestärke leicht binden. Dazu gibt es Thüringer Klöße, Wirsing und Preiselbeerkompott.

Wirsing:
500 g Wirsing
1 l leichte Brühe, 1/2 TL Salz
Muskat
1 gehäufter EL Semmelmehl
20 g Butter

Für das Wirsinggemüse den Wirsing von schlechten Blättern befreien, in vier Teile schneiden, Strunk entfernen und in heißer Gemüsebrühe mit 1/2 TL Salz 20 Minuten kochen. Gut ausgedrückt in Streifen schneiden und mit Muskat würzen. Semmelmehl in heißer Butter verrühren und darüber geben.

Tipp:
Zu Geflügel mit Klößen wird traditionell Wirsing, nur mit Muskat und 1 Teelöffel Butter verfeinert, gereicht. Die Variante mit Semmelmehl gehört eigentlich nur zu Braten mit wenig Soße und zu Salzkartoffeln.

Rippchen mit Klößen und Wirsingsoße

1-1,25 kg Rippchen
2 TL Salz
Pfeffer aus der Mühle
1 EL Margarine
3/4 l Brühe (= 1 TL Pulver Instant)
1 TL Kümmel
1 Lorbeerblatt
3 Pimentkörner
50 g Zwiebelwürfel
1 Knoblauchzehe
500 g Wirsing
1-2 TL Speisestärke
1 Semmel, 1 TL Butter

Die Rippchen salzen und pfeffern und in Margarine ringsum braun anbraten. 3/4 l leichte Brühe zugeben und zugedeckt bei 150-175 °C 1 bis 2 Stunden in der Röhre schmoren lassen. Zwischendurch alle Gewürze, Zwiebelwürfel und Knoblauch zugeben. Den Wirsing von schlechten Blättern befreien und in leichtem Salzwasser 20 Minuten garen. Mit kaltem Wasser abschrecken und gut abgetropft auf ein Brett geben. Mit dem Wiegemesser ganz klein wiegen, dabei die harten Rippen entfernen.

Sind die Rippchen weich, die Bratensoße durch ein Sieb abgießen und mit dem Wirsing vermischen. Mit Speisestärke leicht binden, mit Muskat abschmecken. Am Tisch Semmelröstel über die Soße geben.

Wirsing- und Kohlrabisoße, Meerrettich- und Topinamburbrüh' – das alles gehörte in Großmutters Speiseplan und wird bis heute so wie vor hundert Jahren zubereitet. Und immer gab es Klöße dazu.

Wildente in Rotweinsoße

2 echte Wildenten von je 500 g oder
1 Haus-Wildente (1 kg)
1 gehäufter TL Salz
Pfeffer aus der Mühle
1 EL Öl
20 g Butter
20 g Speck
1 Zwiebel
50 g Möhre
50 ml Schlagsahne
1 Tasse Hühnerbrühe
(1 TL Pulver)
1 Tasse Rotwein
4 Wacholderbeeren
1/2 Lorbeerblatt
Zitronensaft
2 TL Speisestärke

Ente salzen, pfeffern und im Öl-Butter-Speck-Gemisch ringsum anbraten. Mit 1/2 Tasse Wasser ablöschen. Gewürfelte Zwiebel und Möhre nun kurz mit anbraten. Schlagsahne zugießen, kurz mit schmoren, dann Brühe und Rotwein dazugeben. Zugedeckt 45 Minuten bei 180 °C garen. Aufdecken, Gewürze zugeben und braten, bis die Ente braun ist (ca. 20 Minuten). Soße mit Zitronensaft und Salz abschmecken und mit Speisestärke binden.
Dazu Klöße, Rotkraut und Preiselbeerkompott.

Tipp:
Eine fette Supermarkt-Wildente wie Gans oder Hausente zubereiten.

Sauerbratengulasch

Salz, Pfeffer
1 Zwiebel
je 4 Wacholderbeeren und Pimentkörner
1 großes Lorbeerblatt
1 Knoblauchzehe
1/4 l Bier
75 ml Kräuter- oder Weinessig
750 g Rinderbraten
400 g Zwiebelwürfel
1/2 l Fleischbrühe (3 TL Pulver)
40 g Margarine
2 EL saure Sahne
2 TL gemahlener Soßenkuchen

Salz, Pfeffer und 1 gewürfelte Zwiebel mit Gewürzen, Bier und Essig vermischen. Fleisch in Würfel schneiden und in die Flüssigkeit drücken, bis alles bedeckt ist.

Zwei Tage kühl stellen. Dann die Marinade über ein Sieb abgießen und aufheben. Die im Sieb haftenden Gewürze ebenfalls aufheben. Die Hälfte der Margarine erhitzen und die gut abgetropften Fleischwürfel zugeben. Dabei bildet sich bald viel Flüssigkeit, die kurz abgeschöpft wird. Die übrige Margarine zum Fleisch geben und alles schön anbraten. Gewürfelte Zwiebel zugeben und zur Farbe anbraten. Abgeschöpfte Bratflüssigkeit und Marinade mit der Fleischbrühe zugeben. Zugedeckt bei 180 °C ca. 90 Minuten in der Röhre garen. Nach der Hälfte der Bratzeit die Gewürze aus der Marinade und Knoblauch zugeben. Soßenkuchen in der Sahne verquirlen und den Gulasch leicht binden. Damit die Soße zu den Klößen reicht, evtl. noch etwas Wasser zugeben.

Würziges, sauerbratenähnliches Gericht. Scherzhaft auch Ehestandsgericht genannt – mal süß, mal sauer, so wie die Ehe sich zeigt.

Schweinekotelett in Rahmsoße

4 Koteletts, Salz, Pfeffer
1 EL Mehl, 1 Ei, 4 EL Semmelmehl
3 EL Öl, 1 EL Butter
2 Tassen Brühe (1 gehäufter TL Pulver)
1 EL Schmand, 1/2 TL Paprika

Koteletts klopfen, Fettränder am Knochen einschneiden, würzen, wie Schnitzel mit Mehl, Ei, Semmelmehl panieren. Im heißen Öl beidseitig je 2-3 Minuten braten. Aus der Pfanne nehmen und die Butter ins Bratfett geben. Das vom Panieren übriggebliebene Mehl und Semmelmehl einrühren und bräunen. Brühe einrühren, dann Schmand und Paprika. Fleisch in die Soße legen, aber nicht mit der Soße bedecken. Zugedeckt ca. 35-40 Minuten bei 125-150 °C weich schmoren. Aufdecken und kurz übergrillen.
Ideale Beilage dazu sind Salzkartoffeln und Möhren-Erbsen-Gemüse.
Bei dieser Art der Zubereitung erinnere ich mich wieder an Großmutters Zeiten: Koteletts sollten weich und saftig sein und kamen deshalb nochmal unten in die Röhre vom großen Kohleherd. Durch die moderne Art des Übergrillens wird das saftige Fleisch außerdem noch knusprig.

Kürbis- und Holunderrezepte

Weißer Holunder blüht wieder in Gärten und überall am Weg. Vorwiegend an Zäunen und altem Gemäuer auf Bauernhöfen wuchern robuste Holunderbüsche in den Himmel und bis hinüber in Nachbars Grundstück. Schon die Alten stöhnten:

Nachbars Kinder und Nachbars Holunder
bannest du nie auf Dauer,
verschließt du ihnen die Tür,
klettern sie über die Mauer.

Doch mit der Zeit wurde der Fliederbeerbaum zum treuen Freund des Hauses. Erfreut er doch die ganze Familie immer wieder im Juni mit seinen großen weißen Blütendolden, die schließlich Ende August bis Anfang September zu tiefschwarzen Beeren heranreifen.

Blüten und Beeren finden von alters her vielseitige Verwendung für allerlei Köstlichkeiten.

Gebackene Holunderblüten

12-15 Blütendolden, 200 g Mehl
2 Eier, 125 ml Milch, 3 EL Rum
1 Prise Salz, Öl zum Ausbacken

An den Blütendolden einen ca. 10 cm langen Stiel lassen. Dolden abspülen und abschütteln. Alle Zutaten zu einem glatten Teig verrühren und ca. eine halbe Stunde stehen lassen. Dolden am Stiel anfassen, in den Teig tauchen und in die Pfanne mit dem heißen Fett drücken. Hellgelb backen und mit Staubzucker besieben.
Mit den Stielen nach oben auf einer Platte anrichten. Dazu gibt es Erdbeerkompott oder Gartensalat.

Holunderblütengelee

12 Holunderdolden, 375 ml Apfelsaft
Saft von 1 Zitrone, 250 g Gelierzucker

Blüten waschen, gut abgetropft mit Apfelsaft übergießen und 24 Stunden kühl stellen. Über einem Sieb abtropfen lassen, Zitronensaft zugeben und mit dem Gelierzucker 4 Minuten kochen lassen. Heiß in heiße Gläser füllen.

Holunderlimonade

1 1/4 l kochendes Wasser
1/2 Zitrone in Scheiben
5 Holunderdolden, 100 g Zucker
1/2 TL Zitronensäure, 1/2 EL Essig

Alle Zutaten mit dem kochenden Wasser vermischen, einen Tag stehen lassen, dann durch ein Sieb geben. Fertig! Kühl serviert ein sehr erfrischendes Getränk.

Holunderblütensaft

4-6 Blütendolden, 250 g Zucker
1,5 l Wasser, 1/2 Zitrone
2 EL Zucker, 4 EL Weinessig

Blüten und Zucker mit kochendem Wasser vermischen. In Scheiben geschnittene Zitrone dazugeben und 24 Stunden kühl stellen. Den restlichen Zucker langsam karamelisieren und mit dem Essig ablöschen. Zum Blütengemisch geben und alles durch ein Sieb gießen. In Flaschen füllen und nicht zu lange aufbewahren.

Landgasthäuser bieten einen ähnlichen Saft an.

Holunderblütencreme

1/4 l Weißwein, 100 g Zucker
Saft 1 Zitrone, 8 Holunderblütendolden
1 Päckchen Gelatine
200 g Schmand, 200 g Schlagsahne

Weißwein, Zucker und Zitronensaft aufkochen. Die Blüten von den Dolden abstreifen, in die Flüssigkeit legen und über Nacht ziehen lassen. Abgießen, etwas erwärmen und die Gelatine darin auflösen. Mit dem Schmand vermischen und kurz vor Gelierbeginn die steif geschlagene Sahne unterziehen.

Holunderblütencreme als Tortenbelag unter die Erdbeeren im Juni/ Juli, sehr fein!

Holundersuppe

Zutaten für 1 l Suppe:
1 kg Holunderbeeren, 1,5 l Wasser
1 gehäufter EL Mehl, 1 EL Butter
1/2 TL abgeriebene Zitronenschale
1 TL Zimt, 1 Prise Salz
1-2 EL Zucker
100-150 ml Schlagsahne

Holunderbeeren mit 1 l Wasser 15-20 Minuten leise köcheln lassen. Durch ein Sieb drücken, das restliche Wasser zugeben. Mehl in zerlassener Butter goldgelb rösten und nach und nach mit abgekühltem Saft zu einer Suppe verrühren. Gewürze und Zucker zugeben und lieblich mild abschmecken. Die Sahne einrühren und mit zerbröckeltem Zwieback anrichten.

Tipp:
Unter die Suppe können gedünstete Apfelscheiben gemischt werden. Statt mit Großmutters geröstetem Mehl kann die Suppe mit 1 EL Speisestärke gebunden werden. Ein Schuss Rum veredelt die Suppe. Ein mit 50 g Zucker geschlagenes Eiweiß, von dem man mit einem Teelöffel kleine Klößchen absticht und auf die heiße Suppe gibt (zugedeckt 10 Minuten ziehen lassen), verfeinert die Suppe. Auch Grießklößchen sind als Einlage geeignet.

Holunderpunsch

1/4 l Holundersaft, 1/4 l Wasser
1 Nelke, 1 Stück Zimtrinde
Saft von 1 Zitrone
1/4 l Rotwein oder Schwarztee

Saft, Wasser, Gewürze und Zitronensaft zum Kochen bringen. Zum Schluss Rotwein zugeben. Soll der Punsch anregen, dann statt Rotwein Schwarztee zugeben.

Ein Getränk für kalte Tage.

Holunderbeersaft

500 g Beeren
1/8 l Wasser (1 knappe Tasse)
100-125 g Zucker, 1 EL Zitronensaft

Beeren mit wenig Wasser 20 Minuten köcheln, dabei die Beeren etwas zerdrücken. – Durch ein Sieb gießen und leicht nachdrücken. Saft mit Zucker noch 2 Minuten kochen, bis der Zucker gelöst ist. Dann Zitronensaft dazugeben. Ergibt 1/4 Liter schönen dicken Saft, den man zu Vanillepudding reicht oder verdünnt mit Wasser trinken kann.

Tipp:
Holunderbeergelee füllt man in heiße sterile Gläser wie Marmelade. Den Saft füllt man ebenfalls in kleine Gläser, muss die Gläser aber wie beim Obsteinkochen behandeln, d.h. 20 Minuten bei 85 °C einkochen.
Achtung: Holunderbeeren und Saft immer gut durcherhitzen, da rohe Beeren oder Saft Giftstoffe enthalten, die erst beim Erhitzen zerstört werden.

Holunderlikör

500 g Beeren, 1 l Wasser, 3 Nelken,
Muskat, 2 Päckchen Vanillezucker
Saft von 1/2 Zitrone, 400 g Zucker, Rum

Beeren und Wasser 30 Minuten kochen. Über ein Sieb gießen und die Früchte etwas nachdrücken. Mit Gewürzen und Zucker vermischt noch eine Stunde leicht kochen. Wieder durch ein Sieb geben und abgekühlt mit Rum vermischen (Gleiche Menge Saft, gleiche Menge Rum oder nach Geschmack). Die Zutaten ergeben ca. 2 Flaschen à 0,75 l.

Ein ganz besonders feiner Likör.

Holunderbeergelee

1 kg Beeren
1/4 l Apfelsaft oder Weißwein
4 EL Zitronensaft
ca. 500 g Gelierzucker

Beeren und Apfelsaft 20 Minuten nicht zu stark kochen. Durch ein Sieb oder Tuch abtropfen lassen. Zitronensaft dazugeben und mit Gelierzucker ca. 4 Minuten nach Vorschrift kochen. (Auf gleiche Menge Saft kommt die gleiche Menge Zucker).

Tipp:
20 große Holunderbeerendolden ergeben ca. 500 g Beeren.

Holunderbeerenmilch

1/2 l Milch, 1/4 l Holundersaft
Saft von 1 Zitrone
Zucker oder Honig nach Geschmack

Milch abkochen und mit den übrigen Zutaten vermischen.
Kann heiß oder kalt serviert werden.

Kürbismarmelade

(ergibt ca. 3 Gläser à 200 ml)

500 g Kürbiswürfel
150 g geschälte Apfelwürfel
200 g geschälte Pfirsich- oder Nektarinenwürfel
100 ml gelber Multivitamin- oder Orangensaft
Gelierzucker 2:1
Saft von 1 Zitrone

Kürbis-, Apfel- und Pfirsichwürfel mit dem Multivitaminsaft langsam weich kochen. Dann mit dem Pürierstab zerkleinern, den Gelierzucker unterrühren und nach Vorschrift 3 bis 4 Minuten sprudelnd kochen lassen. In Gläser füllen.

Eine trendige Marmelade von mildem, lieblichem Geschmack.

Kürbispfanne

1 kg Kürbiswürfel
1/2 l Milch
3 Eier
2 Semmelköpfe
Salz, Pfeffer, Majoran
2 mittlere Zwiebeln
Räucherbauch oder Rostbrätel

Kürbiswürfel in wenig Salzwasser ganz weich kochen. Über Nacht im Kloßsack abtropfen lassen. Die Eier mit der Hälfte der Milch verquirlen, Semmelwürfel darin einweichen. Die andere Hälfte Milch aufkochen, die Kürbismasse damit überbrühen. Dann alles mit der Eier-Semmelmilch vermischen. Mit Salz, Pfeffer und Majoran abschmecken. Bauchspeck oder Rostbrätel in wenig Fett beidseitig anbraten. Zwiebelwürfel etwas mitrösten und die Kürbismasse darüber verteilen. In 40-60 Minuten bei 180-200 °C goldbraun backen. Dazu schmecken Salzkartoffeln.

Weit verbreitetes uraltes Thüringer Gericht. Wird neuerdings oft mit Rostbräteln gemacht.

Kürbissuppe

300 g Kürbiswürfel
1/8 l Milch
1/8 l Hühnerbrühe (= 1 TL Instantpulver)
1/2 TL Salz
Muskat, Pfeffer aus der Mühle
1 EL Schmand
1 TL Butter
1 Semmelkopf

Kürbis von harter Schale und weichem Inneren befreien. In Würfel geschnitten mit Milch, Brühe und Gewürzen ca. 15 Minuten köcheln lassen. Alles durch ein Sieb streichen und wieder aufs Feuer setzen. Schmand unterquirlen und kurz aufkochen. Am Tisch in Butter geröstete Semmelwürfel darüber geben.

Dieses Rezept ergibt 1/2 l feine milde Suppe, die auch sehr schön aussieht und in der Kürbiszeit nicht verpasst werden sollte. Als Vorsuppe bestens geeignet.

Hefekuchen

Schon unsere Großmütter wussten um folgende Tipps, die zum guten Backerfolg entscheidend beitragen:

◆ Bei nassen Kuchenbelägen, wie z.B. Obst, ist es ratsam, den ausgerollten Teig mit zerlassener Butter zu bepinseln und mit Semmelmehl zu bestreuen. Die Feuchtigkeit wird dadurch etwas abgefangen und der Kuchen weicht nicht so schnell durch.

◆ Bei trockenen Kuchenbelägen, wie z.B. Streusel, Kokos u.ä. wird der Kuchen vor dem Belegen mit warmer Milch bepinselt, der Belag hebt sich dadurch nach dem Backen nicht ab.

◆ Soll der Hefekuchen nach dem Backen gefüllt werden, kann man zwei dünne Böden übereinander auf einem Blech backen. Der untere Boden muss aber vorher mit Öl bepinselt werden, dann hebt sich die obere Kuchendecke nach dem Backen problemlos ab. Der Kuchen sollte vorher gut gehen, damit er schön locker wird.

Schneller Hefeteig für 2 Kuchen

175-200 g Margarine
150 g Zucker
1/2 TL Salz
675 g Mehl
200-225 ml Milch
40 g Hefe

Margarine, Zucker und Salz gut verrühren, Mehl darüber sieben und mit der in lauwarmer Milch aufgelösten Hefe alles gut verkneten. Warm gestellt 1 Stunde gehen lassen. Nochmals kurz durchkneten, ausrollen und nach dem jeweiligen Rezept weiter verarbeiten.

Tipp:
Wollen Sie nur einen Kuchen backen, halbieren Sie entweder die Zutaten oder frieren den zweiten Kuchenboden ein.

Feiner Quarkkuchen

Hefeteig
Belag:
200 g Butter, 200 g Zucker
1 Prise Salz
2 Päckchen Vanillezucker
4 Eier
1 kg Magerquark
1 Päckchen Vanillepuddingpulver
200 ml Selters
1 Päckchen Götterspeise

Hefeteig auf einem Blech ausrollen. Für den Belag weiche Butter, Zucker, Salz und Vanillezucker gut verschlagen und die Eier unterschlagen. Alles mit Quark und Puddingpulver verrühren und das Selterwasser unterrühren. Die Quarkmasse auf den ausgerollten Hefeteig streichen und backen.
Auf dem erkalteten Kuchen eine beliebige, nach Vorschrift zubereitete Götterspeise verteilen.

Backzeit: 30-35 Minuten
Hitze: 180 °C

Der Kuchen hält sich eine Weile frisch und lässt sich gut in Stücke schneiden.

Halbkalter

(mit Hefe für 2 Kuchen)

15 g Hefe
3 EL Rum oder Weinbrand
3 Eier
3 EL Zucker
125 g Butter
125 g Margarine
1 Prise Salz
500 g Mehl
Streusel:
450 g Mehl
350 g Zucker
350 g Butter/ Margarine
1/8 l Milch
100-150 g Butter
evtl. Mandelstifte und Vanillezucker

Hefe in eine Schüssel krümeln und mit Schnaps verrühren. Eier und Zucker unterrühren und mit zerlassenem fast erkaltetem Butter-Margarine-Gemisch gut durchschlagen. Die reichliche Hälfte Mehl unterschlagen, den Rest unterkneten. Teig ca. 45 Minuten gehen lassen.

Für die Streusel Mehl, Zucker und zerlassene Butter oder Margarine verkneten. Die Streusel können zur Hälfte mit Kakao vermischt werden. Dann den Teig teilen und auf zwei Blechen dünn ausrollen. Mit einer Gabel mehrmals einstechen, mit Milch bepinseln (damit die Streusel besser kleben) und die Streusel darüber verteilen. Beide Kuchen über Nacht kalt stellen. Am nächsten Tag backen. Heiße Milch auf den heißen Kuchen pinseln und zerlassene Butter auf den erkalteten Kuchen pinseln. Dünn mit Staubzucker besieben und in Streifen von ca. 3 x 8 cm schneiden. Die Gebäckstreifen in einem Topf kühl aufbewahren, sie sind über Wochen haltbar.

Das ist ein uraltes und praktisches Rezept aus der Thüringer Landküche, das unbedingt erhalten bleiben sollte. Allerdings wurde dafür früher nur gute Butter verarbeitet. Kam plötzlich ganz unerwartet mal die Verwandtschaft mit dem Pferdegeschirr über die Dörfer, hatte man mit dem „Halbkalten“ immer etwas anzubieten.

Tipp:
Heute wird das Gebäck noch zusätzlich mit Mandelstiften und Vanillezucker bestreut.

Backzeit: 10-15 Minuten
Hitze: 180 °C

Kürbiskuchen

Hefeteig nach Grundrezept
200 g Margarine
150 g Zucker
4 Eier
750 g Kürbiswürfel
100 g Kokosraspeln
5-6 bittere Mandeln
Decke:
2 Eigelb
2 EL Zucker
2 EL Kartoffelstärke
2 EL Schmand
2 Eiweiß
1 EL Zucker

Weiche Margarine und Zucker dickcremig schlagen. Nach und nach die etwas angewärmten Eier zugeben. Kürbiswürfel mit Wasser bedeckt in ca. 15 Minuten weich kochen. Über einem Durchschlag abtropfen lassen. Diese Masse löffelweise nicht zu kalt unter die Eiermasse schlagen. Kokosraspel und geriebene bittere Mandeln unterrühren. Auf den ausgerollten Hefeteig streichen und vorbacken.
Für die Decke Eigelb, Zucker, Schmand und Kartoffelstärke verrühren und das mit 1 EL Zucker steif geschlagene Eiweiß unterziehen. Auf vorgebackenen Kuchen streichen und fertig backen. Die Decke muss schön gebräunt sein.

Backzeit: 15 Minuten vorbacken,
10 Minuten fertig backen
Hitze: 200 °C

Ein schöner, appetitlich gelber Kuchen.

Tipp:
Wird die Masse während des Schlagens grob flockig (passiert, wenn die Zutaten zu kalt sind), Schüssel in warmes Wasserbad stellen und wieder glatt schlagen.
Mit dem Mixstab pürierte Kürbismasse wird besonders fein.

Stachelbeer-Makronen-Kuchen

Hefeteig
500 ml Stachelbeer- oder Apfelsaft
4 gehäufte EL Zucker
2 Päckchen Puddingpulver
400 g Schmand
4 Eigelb
2 Gläser Stachelbeeren à 3/4 l
Guss:
4 Eiweiß, 200 g Zucker
200 g nicht zu fein gemahlene Mandeln

Aus Stachelbeersaft, Zucker und Puddingpulver einen straffen Pudding kochen und sofort den Schmand in die heiße Masse rühren. Dann die Eigelb unterrühren. Einen kleinen Teil davon auf den ausgerollten Hefeteig streichen und die gut abgetropften Beeren darüber verteilen (nicht zu dicht).

Den großen Rest der Pudding-Schmand-Masse über die Beeren geben und den Kuchen vorbacken. In der Zeit die Eiweiß schaumig schlagen und nach und nach den Zucker einrieseln lassen. Alles in 8-10 Minuten ganz steif schlagen. Die grob gemahlenen Mandeln unterheben und auf den vorgebackenen heißen Kuchen streichen. Fertig backen.

1. Backzeit: 20 Minuten bei 200 °C
2. Backzeit: 15-20 Minuten bei 175 °C

Tipp:
Eiweiß braucht Platz und Zeit. Vor dem Schlagen sollte es 30 Minuten in den Kühlschrank gestellt werden, in einer abgerundeten, etwas höheren Schüssel, nicht in einem schmalen Mixbecher. Das Eiweiß anfangs auf niedriger bis mittlerer Stufe schaumig schlagen. Nun den Zucker allmählich einrieseln lassen, nicht zu viel auf einmal, sonst fällt der Schnee zusammen, weil er die Luft nicht halten kann. Erst zum Schluss hin, in den letzten Minuten das Eiweiß mit hoher Geschwindigkeit ganz steif schlagen. Nach dem Backen setzt sich das Eiweiß etwas.
Mit Sauerkirschen ist der Kuchen auch sehr zu empfehlen.

Eierschecke

Hefeteig

Quarkmasse:

750 g Magerquark

1/4 TL Salz

75 g Zucker

1 EL Zitronensaft

1 gehäufter TL Speisestärke

4 EL Öl

4-5 EL gekochten Pudding

Schecke:

3/4 l Milch

2 Päckchen Puddingpulver

6 Eier

300 g Margarine

1 EL Mehl

300 g Zucker

2 Päckchen Vanillezucker

Aus Milch und Puddingpulver einen Pudding ohne Zucker kochen. Für die Quarkmasse den Quark mit Salz, Zucker, Speisestärke, Zitronensaft und Öl verrühren. Ein Drittel (ca. 4 EL) von dem gekochten Pudding unter die Quarkmasse rühren. Die Masse auf den ausgerollten Hefeteig streichen.

Die Eier trennen. Margarine mit 100 g Zucker cremig schlagen, 6 Eigelb unterschlagen. Handwarmen Pudding löffelweise zugeben. Mehl unterschlagen.

Den restlichen Zucker (200 g) mit den 6 Eiweiß steif schlagen und unter die Puddingmasse ziehen. Alles auf die Quarkmasse streichen, zur Mitte hin etwas dicker auftragen. Den Kuchen backen.

Backzeit: 40-45 Minuten

Hitze: 180 °C

Zu DDR-Zeiten wurde die Eierschecke nach diesem Rezept ausschließlich mit Marina-Margarine gebacken. Sie können heute gern Sahna dafür verarbeiten.

von rechts nach links:

Apfelkuchen festliche Art

Krokant-Karamel-Kuchen

Feiner Quarkkuchen

Eierschecke

Rotkäppchenkuchen

Krümelkuchen (Backpulver)

Aprikosenbaiser (Backpulver)

Stachelbeerkuchen nach Kirmeskuchenart

Apfelkuchen festliche Art

Hefeteig
400 g Magerquark
200 g Frischkäse
1 EL Zucker
2 Eier
150 g Zucker
50 g Öl
2 TL Soßenpulver
Rumaroma
1 EL Butter
1,25 kg Apfelspalten
ca. 200 ml Orangensaft
4 EL Zitronensaft
4 EL Zucker
2 Päckchen klarer Tortenguss
2-3 EL Zucker

Magerquark, Frischkäse und 1 EL Zucker verrühren und auf einen ausgerollten Hefeteig streichen. Eier, Zucker, Öl, Soßenpulver und einige Tropfen Rumaroma gut verquirlen und mit einem Löffel über der Quarkmasse verteilen. Butter in einem breiten Topf zerlassen und die mit Zucker und Zitronensaft vermischten Apfelscheiben darin zugedeckt halb weich dünsten. Abgießen und über der Eier-Zucker-Schicht verteilen. Backen.

Abgetropften Apfelsaft mit Orangensaft auf 400 ml auffüllen und mit dem Tortenguss und 2-3 EL Zucker nach Vorschrift einen Tortenguss herstellen. Sofort auf den erkalteten Kuchen streichen.

Backzeit: 30-35 Minuten
Hitze: 180-200 °C

Farblich ansprechender fruchtiger, feiner Kuchen, der sich sehr gut in kleine Stücke schneiden lässt.

Tipp:
Als rustikale altmodische Variante können die Apfelspalten mit gehackten Mandeln und Rum-Korinthen vermischt und statt Tortenguss dicke Butterstreusel über den Kuchen verteilt werden. Ein ebenfalls sehr leckerer Kuchen.

Krokant-Karamel-Kuchen

Hefeteig
100 ml Milch
200 g Staubzucker
250 g grob gehackte Mandeln
4 EL Kakao
250 g zerlassene Butter
Karamelguss:
75 g Zucker
150 ml Milch
250-300 g weiße Schokolade
2 TL dunkler Rübensirup
1 EL Butter
1-2 EL Weinbrand

Einen ausgerollten Hefeteig reichlich mit Milch bepinseln und mit einer Gabel einstechen. Staubzucker, Mandeln und Kakao in einer Schüssel vermischen und mit einem Löffel auf dem Teig verteilen. Etwas andrücken und in die kalte Röhre schieben. Backen, bis er unten gebräunt ist.
Den heißen Kuchen mit heißer Butter bepinseln oder besser beträufeln. Ist er kalt und fest, den Karamelguss darüber geben. Dafür den Zucker langsam zerlassen, so dass er eine dunkle Honigfarbe annimmt. Mit der Milch ablöschen und etwa zur Hälfte einköcheln lassen. Die zerbröckelte Schokolade, den Sirup und die Butter einrühren. Evtl. 1-2 EL Weinbrand zugeben. Wird der Guss zu fest, dann wieder etwas erwärmen, bis er flüssiger und streichfähiger ist. Nur leicht erwärmen. Hitze zerstört jeden Schokoladenguss!

Backzeit: 20 Minuten
Hitze: 200 °C

Für diesen Kuchen ist es ratsam, dass er nicht zu trocken aufbewahrt wird. Früher hieß es: Streuselkuchen o.ä. gehört in ein zaches (feuchtes) Gewölbe (Speisekammer).

Rotkäppchenkuchen

Hefeteig
200 g Grieß
5 gehäufte EL Zucker
1,3 l Milch
200 g gemahlener Mohn
2 EL Zucker
½ TL Zimt
1 Msp. Salz
75 g Margarine
2 Päckchen Vanillezucker
2 Eigelb, 2 Eiweiß
Rotes Käppchen:
1 Glas gute Himbeerkonfitüre (340 g)
150 ml Traubensaft oder Apfelsaft
2 EL Zitronensaft
3 Päckchen roter Tortenguss

Grieß mit Zucker vermischt in die heiße Milch einrieseln lassen und einige Minuten unter Rühren dickkochen. Mohn in einem Topf mit Zucker, Zimt und Salz vermischen und ein Drittel Grießbrei unterrühren. Alles aufkochen und die Margarine einrühren. Abgekühlt auf den ausgerollten Hefeteig streichen.
Den großen Rest Grießbrei mit Vanillezucker und den Eigelb verrühren und mit dem steif geschlagenen Eiweiß vermischen. Löffelweise über der inzwischen etwas angetrockneten Mohnmasse verteilen und glatt streichen. Backen.
Für das „rote Käppchen“ die Hälfte der Konfitüre mit Traubensaft, Zitronensaft und Tortenguss verrühren und unter Rühren aufkochen lassen. Die übrige Konfitüre unterrühren und auf den erkalteten Kuchen streichen.

Backzeit: 15-20 Minuten
Hitze: 180-200 °C

Ein fettarmer feiner Kuchen, der auch etwas fürs Auge ist und kühl gestellt lange frisch bleibt.

Stachelbeerkuchen nach Kirmeskuchenart

Hefeteig
2 Gläser Stachelbeeren (à 750 g)
2 Päckchen Vanillepuddingpulver
1 Päckchen grüne Götterspeise
Guss:
200 g Zucker
2-3 Eier (je nach Größe)
175 g Öl
175 g Mehl
1 gehäufter TL Backpulver
Streusel:
125 g Zucker
125 g Mehl
100 g Margarine
1-2 Päckchen Vanillezucker
Puderzucker

Stachelbeeren abtropfen lassen, den Saft auffangen. Mit ca. 750 g Abtropfsaft und Puddingpulver einen Pudding kochen.
Götterspeise im warmen Saft auflösen und unter den Pudding rühren. Die pürierten Stachelbeeren unterrühren. Die Masse auf den ausgerollten Hefeteig streichen.
Zucker, Eier und Öl untereinander schlagen, Mehl mit Backpulver gesiebt dazugeben und verrühren. Den Guss löffelweise über die Puddingmasse verteilen.
Aus den angegebenen Zutaten einen Streuselteig kneten. Kleine Streusel über den Kuchen streuen, zuletzt mit Vanillezucker bestreuen.

Backzeit: 30-35 Minuten
Hitze: 180-200 °C

Der säuerliche Stachelbeerkuchen mit der süßen knusprigen Decke hält sich lange frisch. Er lässt sich erst am 2. Tag gut in kleine Stücke schneiden.

Rhabarberkuchen

Hefeteig
1/4 l roten Traubensaft
100 g Zucker
1,25 kg Rhabarberstücke
100 g gehackte Mandeln
4 gehäufte EL Zucker
1 Ei
1-2 EL Kaffeesahne
1/2 l Milch
4 EL Zucker
4 Päckchen Vanillezucker
600 g Schmand
2 Päckchen Vanillepudding
1/2 l Abtropfsaft vom Rhabarber
2 Päckchen roter Tortenguss
Zucker nach Geschmack

Traubensaft mit Zucker aufkochen, Rhabarberwürfel zugeben, kurz kochen und über einem Sieb abtropfen lassen. Den Saft auffangen und aufheben.
Feingemahlene (oder fein gehackte) Mandeln mit Zucker, Ei und Kaffeesahne verrühren und als dünne Schicht auf einen ausgerollten Hefeteig streichen. Aus Milch, Zucker, Vanillezucker und Puddingpulver einen straffen Pudding kochen und den Schmand einrühren. Über der Mandelschicht verteilen. Rhabarberwürfel mit einer Gabel darüber geben. Backen.
Inzwischen aus dem aufgefangenen Rhabarbersaft, Zucker und Tortenguss einen roten Guss herstellen und sofort über den Kuchen streichen.

Backzeit: 25-30 Minuten
Hitze: 180-200 °C

Fruchtig saftiger Kuchen. Die dünne Mandelschicht als Schutzschicht verträgt viel Feuchtigkeit und der Teig bleibt bissfest und trocken. Auch Semmelmehl auf einen ausgerollten Hefeteig gestreut, bietet einen gewissen Schutz vor dem Aufweichen des Teigbodens.

Tipp:
Da Rhabarber dem Körper Kalzium entzieht, sollte er immer in Verbindung mit Milchprodukten verwendet werden.

im Foto:
Krümelkuchen
Pücklerkuchen
Aprikosenbaiser
Rhabarberkuchen

Puddingkuchen

Hefeteig
1,8 l Milch
4 Päckchen Vanillepudding
4-5 EL Zucker
Streusel:
150 g Kokosraspel
150 g Butter, 150 g Zucker
2 Päckchen Vanillezucker
125-150 g Mehl

Aus Milch, Puddingpulver und Zucker einen nicht zu süßen Pudding kochen und abgekühlt auf den ausgerollten Hefeteig streichen.
Für die Streusel Kokosraspel, Butter, Zucker und Vanillezucker verkneten. Zuletzt mit dem Mehl verkneten. Die Streusel über die Puddingschicht verteilen. Kuchen backen. Noch 10 Minuten bei abgestellter Röhre im Ofen lassen.

Backzeit: 20-25 Minuten
Hitze. 180-200 °C

Schneller saftig-knuspriger Sonntagskuchen. (Durch die Kokosraspel bleiben die Streusel länger frisch).

Pflaumenkuchen mit Guss und Zimtstreuseln

Hefe- oder Backpulverteig
1,5 kg große runde Pflaumen
Butter, Semmelmehl
Guss:
400 g Schmand
1 Päckchen Vanillesoßenpulver
2 Eier
150 g Zucker
Zimtstreusel:
150 g Butter
150 g Zucker
2 Päckchen Vanillezucker
1-2 TL Zimt
200 g Mehl

Einen ausgerollten Hefeteig mit Butter bepinseln und mit Semmelmehl bestreuen. Die dicken Pflaumen zerteilen und jede Hälfte in vier Scheiben schneiden. Pflaumenstücke nebeneinander auf den Teig legen.
Schmand, Soßenpulver, Eier und Zucker verquirlen und mit einem Löffel über den Pflaumen verteilen, läuft in die Ritzen.
Für die Zimtstreusel die angegebenen Zutaten mit zerlassener Butter verkneten.

Große Zimtstreusel über den Kuchen streuen. Backen. Erkaltet mit Staubzucker bepudern.

Backzeit: 30-35 Minuten
Hitze: 180-200 °C

Ein aromatisch saftiger Knusperkuchen fürs Wochenende. Schmeckt mit Backpulverteig am besten.

Walnuss-Mohn-Kuchen

Hefeteig
3/4 l Milch
1 1/2 Päckchen Vanillepuddingpulver
3 EL Zucker
200 g Mohn
75 g Margarine
1 TL Zimt, 1 EL Zitronensaft
1 Prise Salz
Walnuss-Streusel:
250 g Mehl
175-200 g Walnusskerne
250 g Zucker
2 Päckchen Vanillezucker
200 g Margarine
20 g Butter
100 ml Milch

Aus Milch, Puddingpulver und Zucker einen Pudding kochen. Möglichst gemahlenen Mohn einrühren und kurz kochen lassen. Margarine, Zitronensaft und Gewürze zugeben. Kann einige Stunden oder besser über Nacht quellen. Die Mohnmasse nicht zu kalt auf den ausgerollten Hefeteig streichen. Mehl, grob gehackte Nüsse, Vanillezucker und Zucker vermischen und die zerlassene Margarine unterkneten. Ziemlich große Streusel über dem Kuchen verteilen und backen. Butter und Milch erhitzen und auf den heißen Kuchen pinseln.
Die kräftigen Walnuss-Streusel dominieren, die Mohnschicht hält den Kuchen feucht und gibt einen dazu passenden feinen Geschmack.

Backzeit: 30-35 Minuten
Hitze: 180-200 °C

Typischer Kirmeskuchen, der sich lange hält.

Schneekuchen

Hefeteig
200 g Margarine
100 g Zucker
2 Päckchen Vanillezucker
6 Eigelb
200 g gemahlene weiße Mandeln
2 EL Milch
1/2 Päckchen Soßenpulver
1 TL Backpulver
Schneedecke:
6 Eiweiß
250 g Zucker

Margarine, Zucker und Eigelb cremig schlagen. Nicht zu fein gemahlene Mandeln, Milch, Soßenpulver und Backpulver unterrühren und auf den ausgerollten Hefeteig streichen. Vorbacken.
Für die Schneedecke die kalten Eiweiß auf mittlerer Stufe ca. 3-4 Minuten schlagen, nun löffelweise den Zucker nach und nach unterschlagen. Dann noch ca. 3 Minuten bei hoher Geschwindigkeit den Schnee ganz steif schlagen, mit dem Schaber auf den vorgebackenen Kuchen streichen und den Kuchen fertig backen. Noch 10 Minuten in der abgestellten Röhre stehen lassen.

1. Backzeit: 20 Minuten bei 180-200 °C
2. Backzeit: 15 Minuten bei 180 °C

Der Kuchen sieht sehr schön aus und ist lange haltbar. Die Schneedecke (ca. 1 cm hoch) zerweicht nicht und bleibt trocken, wenn man sich bei der Zubereitung an das Rezept hält.

Tipp:
Wird bei bestimmten Kuchenbelägen eine gelbe Farbe gewünscht, kann statt Puddingpulver auch Vanillesoßenpulver verarbeitet werden.

Backpulverkuchen – die ganz Feinen

In Thüringen unterscheidet man bis zu 5 Sorten von Kuchen:

◆ Nasse Kuchen – sind alle die mit Pudding, Schmand, Quark, Früchten u.ä. zubereitet werden.

◆ Feuchte Kuchen sind z.B. Mohn-, Mus- oder Quarkkuchen.

◆ Trockene Kuchen sind Mandel-, Kokos-, Streusel-, Sand- und Hirschhornkuchen.

◆ Die „Pfurztrockenen" sind ausgestorben. Das waren Hefekuchen ohne Belag, die man in Malzkaffee mit Zucker „ditschte" oder einbrockte.

◆ Die dreischnassen Kuchen kann ich nicht einordnen, ich kenne nur den Begriff.

Zitronencremekuchen

Teig:
4 Eier, 2 Eiweiß
200 g Zucker
1 TL abgeriebene Zitronenschale
175 g Mehl
1 gehäufter TL Backpulver
100 g Speisestärke
75 g Margarine
Vanillecreme:
400 ml Milch
1 1/2 Päckchen Puddingpulver
2 EL Zucker
50 g Hartfett, 100 g Butter
25 g Margarine
Zitronenguss:
Saft von 4 Zitronen
1-2 TL abgeriebene Zitronenschale
125 g Butter
5 gehäufte EL Zucker
4 Päckchen Vanillesoßenpulver
2 Eigelb

Eier, Eiweiß und Zucker dickcremig schlagen. Zitronenschale, Mehl, Backpulver und Speisestärke vorsichtig auf der niedrigsten Stufe mit dem Rührgerät kurz unterschlagen. Danach die zerlassene handwarme Margarine nach und nach zugeben. Den Boden auf Papier backen. Aus Milch, Puddingpulver und Zucker einen straffen Pudding kochen und das Hartfett einrühren. Butter und Margarine cremig schlagen und den handwarmen Pudding löffelweise unterschlagen. Auf die Unterseite des Kuchenbodens streichen. Kalt stellen.
Für den Guss den Zitronensaft (ca. 175 ml) mit Wasser auf 1/2 Liter auffüllen. Mit Butter, Zucker und abgeriebener Zitronenschale aufkochen. Vorher etwas kaltes Wasser abnehmen und mit dem Vanillesoßenpulver und den Eigelb verquirlen, in die heiße Flüssigkeit rühren. Aufkochen und noch handwarm auf die inzwischen erstarrte Creme aufstreichen.

Backzeit: 15 Minuten
Hitze: 180-200 °C

Cremig erfrischender Kuchen, der lange frisch und ansehnlich bleibt.

Tipp:
Die Zubereitung von Buttercreme ist kein Problem, wenn man darauf achtet, dass der Pudding nicht kälter sein darf als die Butter. Hand- oder zimmerwarm ist immer richtig.

Gerinnt die Creme trotzdem, heißt es wieder von vorn anfangen: In einer etwas kleineren Schüssel schlägt man weiche Butter oder Margarine (30-50 g genügen) mit 1 gehäuften TL Staubzucker schön cremig, gibt nun löffelweise die verunglückte Creme zu und schlägt dabei auf mittlerer Stufe, bis alles verbraucht ist. Das Ergebnis ist eine wunderbare reine stabile Creme.
Diesen Rat gab mir schon meine Mutter vor mehr als 50 Jahren und es klappt immer.

Pfeffi-Kuchen

Teig:
4 Eier, 200 g Zucker
200 g Mehl, 1 gehäuften TL Backpulver
75 g Speisestärke, 50 g Margarine
200 g Bitterschokolade, 1 EL Öl
Pfeffi-Creme:
400 ml Milch
1 1/2 Päckchen Vanillepuddingpulver
3 EL Zucker, 250 ml Pfefferminzlikör
1 Päckchen grüne Götterspeise
50 g Hartfett
je 100 g Butter und feste Würfelmargarine
2-3 EL Schokoraspeln

Eier mit Zucker dickcremig schlagen, Mehl, Backpulver und Speisestärke vorsichtig unterschlagen und die zerlassene abgekühlte Margarine tropfenweise unterheben. Auf einem mit Backpapier ausgelegten Blech backen. Die abgekühlte Unterseite des Bodens mit in Öl zerlassener und gut verrührter Schokolade bestreichen und fest werden lassen.
Aus Milch, Puddingpulver und Zucker einen ganz straffen Pudding kochen und sofort mit in 100 ml heißem Likör aufgelöster Götterspeise verrühren. Auch das Hartfett einrühren. Den übrigen Likör in den noch warmen Pudding rühren. Butter und Margarine cremig schlagen und den handwarmen Pudding löffelweise unterschlagen. Creme auf die fest gewordene Schokolade streichen. Mit Kamm garnieren und mit Schokoraspeln bestreuen.

Backzeit: 10-15 Minuten
Hitze: 180-200 °C

Ein feiner Festtagskuchen aus der Gegend um Apolda.

Aprikosenmariechen

Teig:
100 g Zucker
1 Ei, 1 Prise Salz
125 g Margarine
1 TL Backpulver
300 g Mehl
300-400 g Aprikosenkonfitüre
Belag:
125 g Staubzucker
125 g Margarine
2 Eier
100 g Mehl, 25 g Speisestärke
1 TL Backpulver
1 große Dose Aprikosen
Streusel:
150 g Mehl
125 g Butter
125 g Zucker
1 Päckchen Vanillezucker
40 g Butter
1 EL Staubzucker

Ei, Zucker, Salz und weiche Margarine verrühren, Backpulver mit etwas Mehl vermischt unterrühren, restliches Mehl unterkneten. Den Teig auf einem gefetteten Blech ausrollen und mit Aprikosenkonfitüre bestreichen.

Staubzucker, weiche Margarine und ein Ei verschlagen, mit dem zweiten Ei alles zu einer glatten Masse schlagen. Mehl, Speisestärke und Backpulver unterschlagen und alles auf der Konfitüre verstreichen. Die gut abgetropften Aprikosen nicht zu dicht (1 Dose muss reichen) mit den Rundungen nach oben auf den Belag legen und etwas andrücken.
Aus den Streuselzutaten kleine Streusel kneten, über dem Kuchen verteilen, aber nicht alles abdichten, die Früchte sollen noch etwas zu sehen sein. Backen. Den erkalteten Kuchen mit zerlassener Butter bepinseln und vor dem Auftragen dünn mit Puderzucker besieben.

Backzeit: 25-30 Minuten
Hitze: 180-200 °C

Das ist Mariechens saftiger Trockener, ein besonders haltbarer Kuchen.

Aprikosenbaiser

Teig:
2 Eigelb
125 g Margarine
100 g Zucker
1 Päckchen Vanillezucker
1 Prise Salz
2 EL Schmand
325 g Mehl
2 TL Backpulver
Semmelmehl
Belag:
2 große Dosen Aprikosen
2 Eigelb
100 g Zucker
200 g Margarine
100 g Mehl
50 g Speisestärke
2 TL Backpulver
4 EL Rum, 4 EL Milch
50-100 g gehackte Mandeln
Baiserdecke:
4 Eiweiß
200 g Zucker

Eigelb, Margarine, Zucker, Vanillezucker, Salz und Schmand verrühren. Mehl mit Backpulver mischen und unter den Teig rühren bzw. kneten. Den Teig auf einem gefetteten Blech ausrollen und mit etwas Semmelmehl bestreuen.
Die gut abgetropften Aprikosen in dünne Streifen schneiden und auf die Teigplatte legen. Eigelb, Zucker und weiche Margarine untereinander schlagen. Mehl, Speisestärke und Backpulver unterschlagen. Die Masse mit Rum und Milch verrühren, auf die Aprikosen streichen und mit gehackten Mandeln bestreuen. Den Kuchen vorbacken. In der Zeit die gut gekühlten Eiweiß langsam schaumig schlagen, dann allmählich den Zucker einrieseln lassen. Zum Schluss hin etwas schneller schlagen. Den vorgebackenen Kuchen aus dem Ofen nehmen und die Baiserdecke darüber verteilen, mit einem Garnierkamm darüber fahren und den Kuchen fertig backen.

1. Backzeit: 20 Minuten bei 180-200 °C
2. Backzeit: 15-20 Minuten bei 180 °C

Der Kuchen sieht nicht nur schön aus, sondern schmeckt auch wunderbar. Die Oberfläche der Baiserdecke hält tagelang frisch und knusprig. Nur am ersten Tag lässt sie sich nicht so gut schneiden.

Mohn-Mandarinen-Kuchen

Teig:
250 g Margarine
200 g Zucker, 4 Eier
125 g Mohn, 4 EL Milch
250 g Mehl
3/4 Päckchen Backpulver
Füllung:
3 Päckchen Vanillesoßenpulver
1 Päckchen Gelatine
1/2 l Orangensaft
3 EL Zucker
75 g Butter oder Margarine
75 g Hartfett
2 kleine Dosen Mandarinen
Guss:
200 g Staubzucker
3-4 EL Orangensaft
75 g Hartfett

Weiche Margarine und Zucker gut verschlagen. Nach und nach die Eier zugeben. Mohn und Milch unterrühren. Mehl mit Backpulver vermischt zugeben. Den Teig teilen und auf zwei Blechen backen.
Für die Füllung Soßenpulver und Gelatine in etwas Orangensaft anrühren, den übrigen Saft zum Kochen bringen und die Anrührmasse einrühren. Aufkochen und vom Feuer nehmen. Butter und Hartfett einrühren.
Gut abgetropfte Mandarinen auf ein Brett schütten und mit einem großen Messer etwas zerschneiden. Noch einmal abtropfen lassen und unter die Puddingcreme rühren. Auf die Unterseite von einem der Mohnböden streichen und den zweiten Boden mit der Unterseite nach oben auflegen und andrücken.
Staubzucker, Orangensaft und Hartfett in 1-2 Minuten schön glänzend rühren und den Guss über dem Kuchen verteilen.

Backzeit: 10-15 Minuten
Hitze: 180 °C

Knackig-saftiger Festtagskuchen, der sich sehr gut frisch hält. Die Füllung wird mit 2 Eßlöffeln Orangengetränkepulver noch fruchtiger.

Krümelkuchen

650-700 g Mehl
1 1/2 Päckchen Backpulver
300 g Zucker
3 Päckchen Vanillezucker
300 g Margarine
2 Eier
Füllung:
2 Gläser Pflaumenmus
4 EL Zitronensaft
1 Päckchen Schokopuddingpulver
1 TL Zimt
4 EL Rum
4 EL Milch
50 g zerlassene Butter
Garnitur:
75 g Bitterschokolade
je 2 TL Öl und Hartfett

Mehl, Backpulver, Zucker und Vanillezucker vermischen und mit zerlassener Margarine und Eiern zu kleinen Streuseln verkneten. 2/3 der Masse auf ein gut gefettetes Blech krümeln, so das alles bedeckt ist. Etwas andrücken. Pflaumenmus mit Zitronensaft, Zimt und Puddingpulver vermischen und unter Rühren dickkochen. Löffelweise über den Streuseln verteilen und mit dem Teigschaber glatt streichen. Die übrigen Streusel darüber krümeln. Es muss nicht alles bedeckt sein. Den Kuchen bei guter Unterhitze backen. Rum mit Milch und heißer Butter vermischen und über den heißen Kuchen pinseln.
Schokolade mit Öl und Hartfett schmelzen und mit einem Teelöffel Linien oder Kringel über den Kuchen ziehen.

Backzeit: 20-25 Minuten
Hitze: 180-200 °C

Es dauert zwar ein paar Tage, bis er richtig durchgezogen ist, aber dieser bissfeste würzige Kuchen ist eine kleine Köstlichkeit.

von vorn nach hinten:
Hochzeitskuchen
Halber Pralinenkuchen
Preiselbeerkuchen
Zitronencremekuchen
Pücklerkuchen
Pfeffikuchen
Mohn-Mandarinen-Kuchen
Deckelkuchen
Fruchtig leichter Apfelkuchen

Hochzeitskuchen

Teig:
150 g Zucker, 4-5 Eier
150 g Mehl, 1/2 Päckchen Backpulver
150 g Speisestärke, 75 g Margarine
Creme:
400 ml Milch
1 Päckchen Vanillepuddingpulver
1/2 Päckchen Gelatine
100 g feste Würfelmargarine
50 g Butter
Belag:
250 g Butter, 200 g Zucker
200 g grob gehackte Walnüsse
50 g gemahlene Mandeln
5 EL Rum
Garnitur:
50 g Bitterschokolade
1/2 EL Öl

Zucker und Eier dickcremig schlagen. Mehl, Backpulver und Speisestärke auf zweimal vorsichtig unterschlagen. Zerlassene Margarine fast erkaltet mit dem Schneebesen unterheben. Den Boden auf Papier backen.

Aus Milch, Puddingpulver und Gelatine (zusammen anrühren mit vorher etwas weggenommener Milch) einen Pudding ohne Zucker kochen. Margarine und Butter cremig schlagen und die handwarme Puddingmasse löffelweise unterschlagen. Auf die Unterseite des erkalteten Bodens streichen.

Für den Knusperbelag die Butter zerlassen, den Zucker einrühren und alles richtig kochen, bis der Zucker zerlaufen ist. Nüsse und Mandeln unterrühren und den Rum zugeben. Die noch lauwarme Masse vorsichtig mit dem Teigschaber auf der erstarrten Creme verteilen und glatt streichen. Schokolade mit Öl verrührt in dünnen Linien über den Kuchen ziehen.

Backzeit: 15-20 Minuten
Hitze: 180 °C

Kühl gestellt bleibt der Kuchen eine Woche lang frisch und steht im Geschmack der besten Torte nicht nach.

Tipp:
Auf feinen Backpulverteigen heben sich stabile Cremeschichten oftmals ab, während weichere Cremeschichten kleben bleiben. Es ist deswegen ratsam eine ganz dünne Schicht Marmelade (ca. 2 EL) auf die trockene Teigschicht zu streichen.

Fruchtig leichter Apfelkuchen

150 g Margarine
150 g Zucker
2 Päckchen Vanillezucker
1 Prise Salz
2 kleine Eier
250 g Mehl
1 gehäufter TL Backpulver
100 g Speisestärke
2 EL Butter
2-3 EL Semmelmehl
Belag:
750 g Apfelsaft
2 Päckchen Puddingpulver
2 Päckchen Vanillesoßenpulver
4 gehäufte EL Zucker
1 TL Zimt
1000-1250 g Apfelwürfel
100 g Rosinen in 2 EL Rum eingeweicht
Mandelsplitter
Guss:
400 ml Apfelsaft
2 EL Zucker
1 Päckchen Zitronengötterspeise oder
Apfelsaft mit 1 Päckchen Gelatine

Weiche Margarine, Zucker, Vanillezucker, Salz und Eier gut verschlagen. Zwei Drittel Mehl-Speisestärke-Gemisch mit Backpulver gemischt unterschlagen. Das übrige Mehl unterkneten und den Teig 1 Stunde kühl stellen. Nun ausrollen, mit zerlassener Butter bepinseln und mit Semmelmehl bestreuen.
Aus Apfelsaft, Puddingpulver und Soßenpulver einen straffen Pudding kochen. Zucker, Zimt und die Apfelwürfelchen unterrühren. Nun vom Feuer nehmen und etwas abgekühlt auf dem Kuchen verteilen und schön glatt streichen. Die in Rum eingeweichten Rosinen darüber streuen und backen. Nach Backende noch 10 Minuten in der abgestellten Röhre stehen lassen.
Aus Apfelsaft, Zucker und Götterspeisepulver eine Götterspeise zubereiten und über den erkalteten Kuchen geben.

Backzeit: 35 Minuten
Hitze: 180 °C

Tipp:
Zu diesem fruchtigen Kuchen wird gern Schlagsahne gereicht. Zur Verfeinerung können neben Korinthen auch Mandelsplitter über den Kuchen gestreut werden.

Preiselbeerkuchen

200 g Zucker
4 Eier
150 g Margarine
1 TL Natron
125 g Schmand
3 EL Kakao
180 g Mehl
1 TL Backpulver
Belag:
300 g Frischkäse
6 EL Weinbrand
1 Päckchen Gelatine
300 ml Schlagsahne
2 Päckchen Vanillezucker
1 Päckchen Sahnesteif
Preiselbeerdecke:
1 1/2 Päckchen Rote Grütze glatt
1/2 Tasse Wasser
2 EL Zitronensaft
2 Gläser dicke Preiselbeeren

Zucker, Eier und weiche Margarine dickcremig schlagen. Natron in Schmand aufgelöst zugeben. Kakao, Mehl und Backpulver unterschlagen. Den Boden auf Papier backen.
Frischkäse mit der in Weinbrand aufgelösten Gelatine vermischen. Die mit Vanillezucker und Sahnesteif geschlagene Sahne unterziehen und alles auf die Unterseite des Bodens streichen. Grützepulver mit Wasser und Zitronensaft verrühren und in die heißen Preiselbeeren rühren. Alles unter Rühren dick kochen.
Die Preiselbeermasse lauwarm über die inzwischen fest gewordene weiße Creme streichen.

Backzeit: 20-25 Minuten
Hitze: 200 °C

Saftiger Schokoteig, weiße milde Creme in Verbindung mit der kräftigen aromatischen Preiselbeerdecke machen diesen Kuchen zu etwas ganz Besonderem.

Heidelbeerkuchen

4 Eier
200 g Zucker
200 g Mehl
1 TL Backpulver
Belag:
3 EL Aprikosenkonfitüre oder rote Marmelade
750 g Magerquark
5 EL Zitronensaft
2 Päckchen Gelatine
8 EL Wasser
500-600 g Schlagsahne
1 Päckchen Sahnesteif
2 Päckchen Vanillezucker
175-200 g Zucker
Guss:
2 Gläser Heidelbeeren (à 450 g)
1/2 l Heidelbeersaft
3-4 EL Zucker
3 Päckchen Tortenguss rot (je 1/4 l)

Eier und Zucker dickcremig schlagen. Das mit Backpulver gesiebte Mehl kurz unterheben. Auf Papier auf einem Backblech backen.
Den Boden vom Blech lösen und die Unterseite dünn mit Marmelade bestreichen. Nun die Quark-Sahne-Masse auftragen. Dafür 4 EL Quark mit der in Zitronensaft aufgelösten Gelatine vermischen und mit dem großen Rest Quark und Zucker verrühren. Die mit Sahnesteif und Vanillezucker steif geschlagene Sahne unterziehen.
Heidelbeeren gut abtropfen lassen, den Saft auffangen, 1/2 l abmessen und mit Zucker und Tortenguss verrühren, aufkochen lassen. Die Beeren dann unter den Heidelbeersaft rühren. Alles auf die inzwischen etwas fest gewordene Quarkcreme streichen.

Backzeit: 10-15 Minuten
Hitze: 180 °C

Zart und mild ist diese Art Heidelbeerkuchen zu allen Jahreszeiten und besonders für festliche Gelegenheiten geeignet. Er lässt sich problemlos in kleine Stücke schneiden.

Himbeerkuchen
(ein halbes Blech)

3 Eier
125 g Zucker
75 g Mehl
75 g Speisestärke
1 TL Backpulver
50 g zerlassene Margarine
Belag:
350-400 g Himbeeren
100 g Zucker
1 Päckchen Himbeergötterspeise
50 ml Wasser
200 g Schlagsahne
1 Päckchen Sahnesteif
1 EL Zucker
Puderzucker

Eier mit Zucker dickcremig schlagen, Mehl, Speisestärke und Backpulver unterziehen. Die zerlassene abgekühlte Margarine ebenfalls unterziehen. Den flüssigen Teig auf einem mit Backpapier ausgelegten Blech backen.
Himbeeren mit Zucker und Wasser kurz kochen, 1/2 Tasse Saft wegnehmen und die Götterspeise darin auflösen. Alles mit den Himbeeren vermischen und bei Gelierbeginn die mit Zucker und Sahnesteif geschlagene Sahne unterziehen. Kuchenplatte in der Mitte teilen und auf die Unterseite die Himbeercreme streichen und die andere Kuchenhälfte darüber decken. Dick mit Puderzucker bestäuben.

Backzeit: 8-10 Minuten
Hitze: 180-200 °C

Holunderkuchen
(ein halbes Blech)

Der Holunderkuchen wird ebenso zubereitet wie der Himbeerkuchen. Statt Himbeeren verwendet man aber für den Belag 300 g Holundermus.
Dafür 350 g Holunderbeeren mit einer kleinen Tasse Wasser und 3-4 EL Zucker kochen und durch ein Sieb drücken.
Die Götterspeise wird ersetzt durch 1 Päckchen Gelatine. Wie beim Himbeerkuchen das Holundermus mit der aufgelösten Gelatine vermischen. Statt 200 g werden 300 g mit Zucker und Sahnesteif geschlagene Sahne unter die Masse gezogen. Vollenden wie im Himbeerkuchen-Rezept angegeben.

Quarktorte ohne Boden

150-200 g Margarine oder Butter
250 g Zucker
6 Eigelb
Schale einer abgeriebenen Zitrone
1/2 TL gemahlener Kümmel
1 kg Magerquark
100 g Grieß
1 EL Kartoffelstärkemehl oder Mehl
1 Päckchen Backpulver
125 g Rosinen
6 Eiweiß, 1 Prise Salz

Weiche Margarine, Zucker, Eigelb und Gewürze untereinander schlagen. Quark, Grieß und das mit Kartoffelmehl vermischte Backpulver zugeben. Vorbereitete Rosinen zugeben. Dann das mit Salz steif geschlagene Eiweiß unterziehen. Die Masse in eine gefettete Springform füllen und schön goldbraun backen.

Backzeit: ca. 60 Minuten
Hitze: 180-200 °C, auf unterer Schiene bei guter Unterhitze

Rustikales Bauerngebäck, das heute wieder sehr gefragt ist.

Pücklerkuchen mit Sommercreme

250 g Staubzucker, 250 g Margarine
5-6 Eier, 150 g Mehl, 150 g Speisestärke,
1/2 Päckchen Backpulver,
2 EL Kakao, 2 EL Milch
Füllung:
1 Päckchen rote Götterspeise
1 Päckchen rote Grütze glatt
1/2 l Wasser, 5-6 EL Zucker
50 g feste Würfelmargarine
75 g Butter, 50 g Hartfett
Schokoguss:
1 Ei, 3 gehäufte EL Zucker
2 gehäufte EL Kakao
2 Päckchen Vanillezucker, 100 g Hartfett
2-3 EL Rum oder Weinbrand

Staubzucker und Margarine cremig schlagen. Eier nach und nach unterschlagen. Mehl, Speisestärke und Backpulver zugeben. Teig teilen. Einen Teil mit Kakao und der Milch verrühren. Auf zwei Blechen auf Papier backen.
Götterspeise und Grützpulver in etwas warmem Wasser anrühren, den Rest Wasser mit Zucker kochen und die Anrührmasse einrühren und aufkochen.
Margarine und Butter cremig schlagen und den handwarmen Pudding löffelweise

unterschlagen. Zum Schluss rasch das heiße Hartfett unterschlagen. Creme auf die Unterseite des dunklen Bodens streichen. Den hellen Boden mit der Unterseite nach oben darüber legen und etwas andrücken.

Ei mit Zucker gut verrühren, Kakao und Vanillezucker unterrühren. Zerlassenes, nicht zu heißes Hartfett nach und nach zugeben. Mit Rum alles glatt rühren. Über den Kuchen streichen, evtl. mit Kamm garnieren.

Backzeit: 10 Minuten
Hitze: 180 ° C

Pücklerkuchen wird sehr gern gebacken, da er auch Backneulingen ein gutes Ergebnis garantiert. Der Kuchen lässt sich problemlos schneiden und die fruchtig säuerliche Creme macht ihn lange haltbar.

Halber Pralinenkuchen

3 kleine Eier, 125 g Zucker
200 g gemahlene Nüsse, 50 g Mehl
4 EL Öl, 50 g Margarine, 2 EL Milch
1 gehäufter TL Backpulver

Belag:
200 g Nougatcreme
Eierlikörcreme:
1/8 l Milch, 100 g Butter
1 1/2 Päckchen Vanillesoßenpulver
25 g Hartfett, 1/8 l Eierlikör
Schokoraspeln

Zucker, weiche Margarine, Eier und Öl untereinander schlagen. Nüsse, Mehl und Backpulver zugeben und mit der Milch verrühren. Den Boden auf Papier backen. Erkaltet in der Mitte durchschneiden (ergibt nur 1/2 fertigen Kuchen). Die Unterseite einer Hälfte mit der Nougatcreme bestreichen. Andere Hälfte darüber klappen und andrücken.

Für die Creme Milch, Soßenpulver und Hartfett unter Rühren aufkochen. Vom Feuer nehmen und nach und nach den Eierlikör unterrühren. Butter cremig schlagen und die handwarme Puddingmasse unterschlagen. Auf dem Kuchen glatt verstreichen. Schokoraspeln darüber streuen. Kalt stellen.

Backzeit: 10-15 Minuten
Hitze: 180 ° C

Dieser Kuchen bleibt lange frisch.

Deckelkuchen

150 g Margarine
200 g Zucker, 1 Ei
1 Päckchen Vanillezucker
1-2 EL Schmand
400-450 g Mehl
1 Päckchen Backpulver
Füllung:
2 Gläser Pflaumenmus
2 EL Zitronensaft
1 TL Zimt
80 g Speisestärke
Guss:
1 Ei
3 gehäufte EL Zucker
2 gehäufte EL Kakao
125 g Hartfett
2 Päckchen Vanillezucker
2-3 EL Rum

Weiche Margarine, Zucker, Vanillezucker, Ei und Schmand verrühren. Mehl und Backpulver unterrühren bzw. kneten. Kühl stellen. Zwei dünne Böden ausrollen und über dem Rollholz gewickelt auf einem gut gefetteten Blech wieder abrollen und backen.
Pflaumenmus mit Zimt, Zitronensaft und Speisestärke gut verrühren und unter ständigem Rühren dickkochen. Es darf nichts anbrennen, muss aber gut durchkochen. Etwas abgekühlt auf die Unterseite einer erkalteten Teigplatte streichen und die zweite Platte mit der Unterseite nach unten als Deckel darauf setzen und etwas andrücken. Erkaltet einen Schokoguss darüber streichen. Für den Guss das Ei mit Zucker und Vanillezucker dickcremig rühren. Kakao unterrühren und das zerlassene Hartfett nach und nach zugeben. Mit Rum oder Weinbrand glatt und glänzend rühren. Mit Kamm garnieren oder bunte Zuckerstreusel darüber geben.

Backzeit: 20-25 Minuten
Hitze: 180-200 °C

Deckelkuchen ist etwas altmodisches. Er wird auch mit dickgekochten Johannisbeeren (mit Puddingpulver) gemacht. Der sparsame mürbteigähnliche Teig lässt sich sehr gut ausrollen und geht problemlos vom Blech. Der Kuchen braucht Zeit zum Durchziehen – ist also lange haltbar.

Rezeptverzeichnis

DIE THÜRINGER KÜCHENBIBLIOTHEK

Fragen Sie in Ihrer Buchhandlung oder bestellen Sie auf unserer Homepage
www.buchverlag-fuer-die-frau.de

Alle Bände 16,5 cm x 20 cm, Farbfotos, gebunden.

Feines Gebäck in Thüringer Art
ISBN 978-3-932720-55-0

Genießen in Thüringen
ISBN 978-3-89798-300-7

Gute Thüringer Landrezepte
ISBN 978-3-89798-646-6

Kochen und Backen in Thüringen
ISBN 978-3-932720-56-7

Leichte Torten & Lieblingsspeisen
ISBN 978-3-89798-647-3

Mein Thüringer Rezeptschatz
ISBN 978-3-89798-480-6

Meine Thüringer Küche
ISBN 978-3-89798-648-0

Neue Köstlichkeiten
ISBN 978-3-89798-394-6

Plauderei an der Thüringer Kaffeetafel
ISBN 978-3-89798-344-1

Schnelle Thüringer Küche
ISBN 978-3-932720-30-7

Thüringer Allerlei
ISBN 978-3-89798-644-2

Thüringer Festtagskuchen
ISBN 978-3-932720-31-4

Thüringer Landküche
ISBN 978-3-89798-645-9

Neue Thüringer Festtagskuchen & mehr
ISBN 978-3-89798-649-7